"工学结合、校企合作"高等职业教育改革创新教材

物流数据处理与分析
（Excel 版）

主　编　周建军
副主编　何明宇　陈　莉
参　编　封琳琳　陈　朋

机械工业出版社
CHINA MACHINE PRESS

数据处理与分析是物流相关职业必备的技能之一。本书收集整理了仓储、运输、配送等物流相关工作领域中与数据处理相关的典型工作任务，采用项目任务式教材编写体例，设计了表格制作与整理、数据计算与统计、数据管理与查询、数据可视化表达、仓储管理数据分析、运输规划数据分析、配送管理数据分析七个项目，以 Excel 为工具详细阐述任务的解决步骤，旨在全面提高读者应用 Excel 工具解决物流相关问题的能力，能够为智能仓储大数据分析 1+X 认证考试、计算机等级考试、职业院校技能大赛等提供有力支撑。

本书适合作为职业院校物流类专业数据处理与分析、Excel 在物流中的应用、Excel 高级应用等相关课程的教学用书，也可作为物流从业人员的参考用书。

图书在版编目（CIP）数据

物流数据处理与分析：Excel 版 / 周建军主编. —北京：机械工业出版社，2023.1（2025.2 重印）

ISBN 978-7-111-72244-1

Ⅰ. ①物… Ⅱ. ①周… Ⅲ. ①物流管理—数据处理—高等职业教育—教材 Ⅳ. ① F252

中国版本图书馆 CIP 数据核字（2022）第 252471 号

机械工业出版社（北京市百万庄大街 22 号　邮政编码 100037）
策划编辑：孔文梅　　　　　　责任编辑：孔文梅　董宇佳
责任校对：龚思文　张　薇　　封面设计：王　旭
责任印制：单爱军
北京虎彩文化传播有限公司印刷
2025 年 2 月第 1 版第 9 次印刷
184mm×260mm・13 印张・206 千字
标准书号：ISBN 978-7-111-72244-1
定价：45.00 元

电话服务　　　　　　　　　　　网络服务
客服电话：010-88361066　　　机　工　官　网：www.cmpbook.com
　　　　　010-88379833　　　机　工　官　博：weibo.com/cmp1952
　　　　　010-68326294　　　金　书　网：www.golden-book.com
封底无防伪标均为盗版　　　　机工教育服务网：www.cmpedu.com

前言
Foreword

当前,云计算、大数据、物联网等技术在不断推动着物流行业转型升级,物流企业也都形成了以数据为基础的管理思维,数据在企业运营和辅助决策中的作用愈加凸显,良好的数据分析处理能力成为物流岗位人员的必备技能。尽管数据存储和分析工具有很多,但Excel由于其简单易学的特点,在企业业务工作中使用非常普遍。Excel没有数据库强大的存储性能,但胜在方便灵活;它没有大数据工具强大的分析展示能力,但胜在易学易用。随着Power Query、Power Pivot、Power Map等组件的整合,Excel功能得到大幅提升,更加适应大数据背景下的商业智能数据分析。因此,学习Excel,提高数据分析处理技能,是一个门槛低、投入少、收益高的途径。

几乎所有的职业院校都在"计算机基础"等课程中开展了Excel软件的应用教学,但在这些课程中学生只了解了软件最基本的功能,无法适应近几年职业院校技能大赛和1+X认证考试中对数据处理的要求。因此,本书编写特别将比赛所需的数据处理技能(例如预测问题、订单体积重量快速汇总问题、配送时效性问题)融入其中,以期通过提高学生的数据处理效率来提高其参赛成绩;结合近两年物流行业头部企业推出的"智能仓储大数据分析"1+X证书考试要求,在教材中加入了SQL查询;为适应大数据背景下对数据分析处理的要求,特别增加了数据清洗转换、超级透视、数据仪表板等内容,使内容更为丰富、全面和实用。

本书由具有丰富教学经验的一线教师和企业合作完成,四川中创通达科技有限公司为本书编写提供了大量真实业务数据;成都工业职业技术学院周建军完成本书整体设计、统稿和项目3的编写,四川托普信息技术职业学院陈莉完成项目1和项目2的编写,四川交通技师学院陈朋完成项目4的编写,成都工贸职业技术学院何明宇完成项目5和项目 6 的编写，成都工业职业技术学院封琳琳完成项目 7 的编写。教材采用项目任务式编写体例，在仓储、运输、配送三大物流工作项目下设置若干典型工作任务，教材理论内容十分精简，将重点放在相关问题的解决步骤上。同时，为强化学生对问题处理的掌握，每个任务还设置了实践训练。无论是企业实际工作，还是在校期间备赛，或是准备认证考试，都可以在遇到相关问题后参阅本书的步骤指导。

教材编写主要以 Excel 2016 版为基础进行阐述，实训操作环境要求应用 Excel 2016 专业增强版及以上版本。为方便教学，本书提供了每个任务的素材和答案等教学资源，凡选用本书作为教材的老师均可登录机工教育服务网（www.cmpedu.com）免费注册下载。咨询可致电：010-88379375，服务 QQ：945379158。

由于编者水平有限，书中难免有不当和错误的地方，恳请广大读者批评指正。

编　者

二维码索引
QR Code

序号	名称	图形	页码	序号	名称	图形	页码
1	数据验证设置		7	8	数据筛选		53
2	工作表保护		11	9	数据透视表创建		63
3	Power Query 清洗转换数据		15	10	Power Pivot 超级透视		72
4	IF 函数及其嵌套		27	11	用 SQL 查询数据		82
5	高级函数应用		32	12	图表设计制作		92
6	九九乘法表的制作		38	13	数据仪表板设计		99
7	数组公式应用		43	14	商品的 ABC 分类		112

(续)

序号	名称	图形	页码	序号	名称	图形	页码
15	商品相关性分析		118	21	节约里程法 Excel 求解		162
16	用分析工具预测物流需求		127	22	物流节点选址规划		169
17	仓库订货决策		133	23	配送作业计划制订		174
18	收发存报表编制		140	24	订单体积和重量计算		181
19	网络运输问题规划求解		149	25	配送运费计算		187
20	最短路径问题规划求解		154	26	配送时效分析		194

目 录
Contents

前言

二维码索引

项目 1　表格制作与整理

　　任务 1　正确输入数据　/ 1

　　任务 2　规范制作表格　/ 8

　　任务 3　Power Query 清洗转换数据　/ 13

项目 2　数据计算与统计

　　任务 1　基本函数应用　/ 21

　　任务 2　高级函数应用　/ 30

　　任务 3　编辑公式应用　/ 36

　　任务 4　数组公式应用　/ 41

项目 3　数据管理与查询

　　任务 1　数据管理分析　/ 51

　　任务 2　数据透视表创建　/ 61

　　任务 3　Power Pivot 超级透视　/ 70

　　任务 4　用 SQL 查询数据　/ 78

项目 4　数据可视化表达

　　任务 1　图表设计制作　/ 91

　　任务 2　数据仪表板设计　/ 97

项目 5　仓储管理数据分析

　　任务 1　商品的 ABC 分类　/ 109

　　任务 2　商品的相关性分析　/ 116

　　任务 3　物流需求预测　/ 122

　　任务 4　仓库订货决策　/ 132

　　任务 5　收发存报表编制　/ 138

项目 6　运输规划数据分析

　　任务 1　网络运输问题规划求解　/ 147

　　任务 2　最短路径问题规划求解　/ 153

　　任务 3　节约里程法的 Excel 求解　/ 160

　　任务 4　物流节点选址规划　/ 167

项目 7　配送管理数据分析

　　任务 1　配送作业计划制订　/ 173

　　任务 2　订单体积和重量计算　/ 179

　　任务 3　配送运费计算　/ 186

　　任务 4　配送时效分析　/ 191

附录　Excel 常用函数总结 / 197

参考文献 / 200

项目 1

表格制作与整理

任务 1　正确输入数据

任务目的

1. 掌握常见数据类型的输入与显示特点。
2. 掌握自定义序列的创建与使用。
3. 掌握快速填充输入的技巧。
4. 掌握数据验证的作用及设置。

工作任务

熟悉数据类型，正确输入数据是进行数据计算和统计的前提，因此有必要熟悉 Excel 中常见数据类型的输入方法。请在 Excel 中输入如图 1-1 所示的数据，并对身份证号（虚构）所在列设置数据验证，以确保输入的数据是 18 位。

	A	B	C	D	E	F	G	H
1	输入小数	输入负数	输入分数	输入学号	输入身份证号（虚构）	输入星期	输入季节	输入数列
2	106.8	-10.1	3/4	2022030201	360102200305230088	星期一	春	2
3		-10.1	1 4/5	2022030202	330226200503280033	星期二	夏	6
4				2022030203		星期三	秋	18
5				2022030204		星期四	冬	54
6				2022030205		星期五	春	162
7				2022030206		星期六	夏	486
8				2022030207		星期日	秋	1458
9				2022030208		星期一	冬	4374
10				2022030209		星期二	春	

图 1-1　数据输入练习

知识链接

Microsoft Excel 是微软公司 Office 办公软件家族中的重要一员，由于其友好的操作界面和强大的功能，成为一款非常常用的电子表格软件。很多企业都将 Excel 作为业务数据存储和处理的辅助工具，甚至很多小企业直接将其作为数据存储工具来使用。会用 Excel 的人很多，但是能用好的却很少，要用好 Excel，掌握数据类型划分和数据快速录入的技能是十分必要的。

1. 数据类型

在 Excel 的单元格中可以输入多种类型的数据，如文本、数值、日期、时间等，如表 1-1 所示。

表 1-1　Excel 中的常用数据类型

数据类型	含义	举例	单元格内默认对齐方式
字符型（文本型）	汉字、字母、空格组成的数据以及由数字构成但没有大小概念的数据	身份证号（虚构）：510602200506075693 电话号码（虚构）：18011560987	左对齐
数值型	含有正号、负号、货币符号、百分号等的有大小概念的数据	负数：-5 或者（5） 分数：0 2/3 百分数：20% 货币：¥50.00 科学记数法：6.54E+10	右对齐
日期时间型	表示日期或者时间，日期的年月日用"/"或"—"分隔，小时和分之间用"："分隔	日期：2022/4/22 时间：8:15	右对齐

2. 自定义序列和快速填充

Excel 支持数据的快速输入，只要是提前定义好的数据序列，例如"甲、乙、丙、丁……"等，输入时只需要输入第一个值，通过拖动单元格的填充句柄即可实现整个序列的输入，可以大大加快数据的输入速度。Excel 中已经定义了常用的序列，用户也可以根据情况添加自定义序列，如图 1-2 所示。

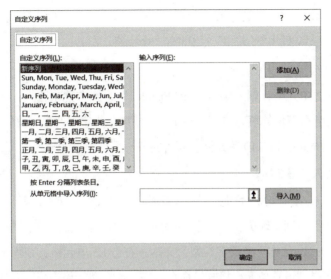

图 1-2　自定义序列

3．数据验证

Excel 中的"数据验证"在旧版本中被称为"数据有效性",其功能与数据库中的"数据完整性"类似,可以对选定区域设置允许输入的数据类型和长度,以避免用户有意或无意地向工作表中输入不规范或有误的数据,例如强制限定性别列只能输入"男"或"女",年龄只能输入 1～150 之间的整数等。在设计表格过程中,适当设置数据验证,可以大大提高数据输入的规范性,为后续统计分析带来便利。

✓ 任务实施

打开 Excel,新建一个空白工作簿,在 Sheet1 上完成以下操作:

1．输入小数

选中 A2 单元格,输入小数"106.8",按回车键确认输入。

2．输入负数

方法一:选中 B2 单元格,输入"-10.1",回车确认输入。
方法二:选中 B3 单元格,输入"(10.1)",回车确认输入。
注意:括号必须是英文括号。

3．输入分数

输入分数"3/4":选中 C2 单元格,输入"0 3/4",回车确认输入。

输入分数"9/5":选中 C3 单元格,输入"1 4/5",回车确认输入。

注意:整数部分与分数部分之间有一个空格。

4.输入学号

选中 D2 单元格,输入学号"2022030201",回车确认输入;将光标定位到 D2 单元格右下角的填充句柄,待光标形成黑色十字的时候,按住鼠标左键,向下拖动填充句柄到 D10 单元格,即可完成一系列学号的输入。

5.输入身份证号

方法一:在身份证号码前加单引号。选中 E2 单元格,输入"360102200305230088",回车确认输入。需要注意的是单引号必须是英文状态输入。

方法二:设置单元格数字类型为文本。右击 E3 单元格,在弹出的右键快捷菜单中选择"设置单元格格式"命令,在"设置单元格格式"对话框中设置"数字"类型为"文本",如图 1-3 所示。选中 E3 单元格,再输入身份证号码"330226200503280033",回车确认输入。

图 1-3 设置单元格格式

电话号码可采用与身份证号相同的输入方法。一般情况下,建议采用第二种方法输入身份证号以及电话号码等。

> **思考与点拨：**
>
> 如何输入由数字构成的文本？
>
> Excel 会默认将单元格中纯数字的内容识别为数值型数据类型，当长度超过 12 位时，会自动以科学记数法的形式显示。身份证号和电话号码虽然都是数字构成，但其实属于文本类型，如果简单地按照数值的方法输入，则会带来不便，正确做法是或先设置单元格区域格式为"文本"，或在输入之前添加英文的单引号。

6．输入星期

在 F2 单元格中输入"星期一"，然后拖动 F2 单元格的填充句柄至 F10，即可以递增的形式完成序列输入。

7．添加自定义序列

在 G2 单元格中输入"春"，然后拖动 G2 单元格的填充句柄至 G10，可以发现只能实现数据的复制，而不能完成序列输入。

单击"文件"选项卡下的"选项"命令，在弹出的"Excel 选项"对话框中选择"高级"项目，如图 1-4 所示；然后在右侧区域中单击"编辑自定义列表"按钮，在弹出的"自定义序列"对话框中选择"新序列"，如图 1-5 所示，在"输入序列"文本框中输入"春""夏""秋""冬"；最后单击右侧"添加"按钮，单击"确定"完成自定义序列的创建。

重新拖动 G2 单元格填充句柄至 G10，可以发现数据呈规律变化。

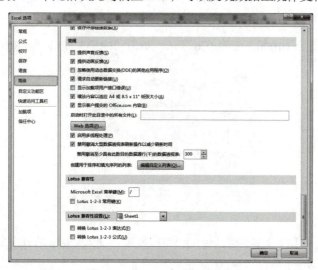

图 1-4 "Excel 选项"对话框

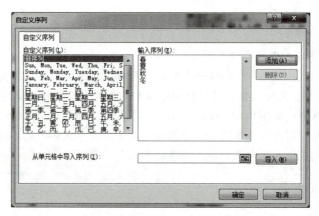

图1-5 设置新序列

> **思考与点拨：**
>
> 什么情况下需要添加自定义序列？
>
> 如果在制作Excel表格的时候需要频繁输入一些固定的值，例如企业的部门名称、人员姓名、成本项目等，则可以将这些值加入自定义列表，为后续快速输入数据提供便利。

8. 输入数列

输入以"2"为开始，步长为3，不超过10 000的等比数列。

在H2单元格中输入起始值"2"，选中H2单元格，单击"开始"选项卡，在"编辑"组中单击"填充"命令 ，在下拉菜单中选择"序列…"，在弹出的"序列"对话框中设置序列产生在"列"，类型为"等比序列"，步长值为3，终止值为10 000，如图1-6所示，单击"确定"即可产生等比数列。

图1-6 数列定义

通过以上几种数据类型的输入，可以发现：文本型数据在单元格中默认是左对齐的，而数值型数据则是右对齐的。

9．设置数据验证

选中 E2:E10 单元格区域，单击"数据"选项卡下的"数据验证"按钮，在如图 1-7 所示的对话框中设置"允许"的验证条件为"文本长度"，"数据"下拉列表中选择"等于"，"长度"文本框中输入"18"，单击"确定"完成设置。

数据验证设置

图 1-7　数据验证

尝试在中 E2:E10 单元格区域中输入 17 位或 19 位的数字串，观察是否还可以输入。

> **思考与点拨：**
>
> 1．如何用数据验证功能限定用户输入的年龄必须是 0～150 之间的整数？
>
> 在"数据验证"对话框中，将"允许"的验证条件设置为"整数"，"数据"下拉列表设置为"介于"，"最小值"设置为 0，"最大值"设置为 150 即可。
>
> 2．如何用数据验证功能限定用户输入的性别必须是"男"或"女"之一？
>
> 在"数据验证"对话框中，将"允许"的验证条件设置为"序列"，在"来源"文本框中输入"男,女"，注意两个值之间的逗号必须是英文状态输入，且无须加引号。

任务小结

本任务中练习了小数、分数、负数等数值型数据的输入和学号、身份证号等字符型（文本型）数据的输入，一定要注意的是对于由纯数字构成的字符型数据（例如身份证号、条码编码），要设置单元格区域格式为"文本"或者在前面加上英文单引号，否则 Excel 会将其识别为数值型数据，从而启用科学记数法。对于学号等有规律变化的数据可以采用拖动填充句柄的形式实现自动填充；对于常用的数据列表，可以将其定义为自定义序列，以实现快速填充。为了防止表格的填写者输入错误或不规范的数据，可以使用"数据验证"功能限制用户的输入，禁止不合规范的数据输入表中。

实践训练

请在 Excel 中输入如图 1-8 所示的数据，要求在限定时间内完成；在 B 列右侧新增"性别"和"年龄"两列，通过数据验证功能限定用户只能输入"男"或"女"两个值之一，对"年龄"列设置只能输入 0～150 之间的整数，对"身份证号"列设置只能输入 18 位长度的字符。

	A	B	C	D	E	F
1	编号	姓名	电话	身份证号	出生日期	基本工资
2	16010201	Tom	18011580036	360102198305230088	一九八三年五月二十三日	¥4,500.00
3	16010202	Lilei	13548157626	330226198503280033	一九八五年三月二十八日	¥3,800.00
4	16010203	Bush	15882845689	360402198211040020	一九八二年十月四日	¥5,500.00
5	16010204	Jack	18011580052	452522198609255866	一九八六年九月二十五日	¥4,300.00
6	16010205	Lucy	13548545852	510602198106075836	一九八一年六月七日	¥3,850.00

图 1-8　数据输入练习

任务 2　规范制作表格

任务目的

1. 掌握单元格的格式设置。
2. 掌握批注的插入与编辑。
3. 掌握工作表的复制与重命名等操作。
4. 掌握工作表保护的设置。

工作任务

表格是数据的一种展示形式，合理地设计表格能够使数据条理更清晰，也更方便数据计算和统计。请在 Excel 中新建一个工作簿，然后在 Sheet1 工作表上制作如图 1-9 所示的工资表,并对灰色填充区域设置保护,不允许用户修改(即仅允许修改白色区域单元格)。

	A	B	C	D	E	F	G	H
1	工资表							
2	姓名	部门	员工编号	基本工资	奖金	请假扣款	实发工资	实发工资是否达到平均值
3	李红	电信系	1	2000	800	50		
4	王丽丽	计科系	2	1700	900	0		
5	吴浩	通讯系	3	1800	600	40		
6	刘武	经管系	4	1500	1000	0		
7	徐天	英语系	5	1600	858	10		
8	赵晓旭	电信系	6	1560	760	10		
9	刘珊	计科系	7	1490	190	0		
10	李雷	经管系	8	1750	460	30		
11	宋磊	外语系	9	1670	630	10		
12	张文龙	通讯系	10	1800	560	40		
13	合计							
14	平均值							
15	最大值							
16	最小值							
17	总人数							
18	经管系人数							
19	经管系奖金合计							

图 1-9 工资表效果图

知识链接

表格是一种组织整理数据的手段,由行和列构成。Excel 2007 之后的版本中每一个工作表能够容纳 1 048 576 行和 16 384 列,行和列交叉部分称为单元格。单元格地址由列标和行号构成,例如单元格地址"C7"表示第 C 列、第 7 行。表格中每一行代表一个数据记录,每一列都有相应的列标题,同一列中的数据应该保持相同的数据类型。根据信息表达的需要,可以对单元格进行合并,但是不建议随意对单元格进行合并,因为这样会破坏表格的结构,给后续数据统计分析带来障碍。

任务实施

1. 合并单元格区域

选中 A1:H1 单元格区域,单击"开始"选项卡下"对齐方式"组中的"合并后居中"按钮 ,然后输入表格标题"工资表"。

2. 输入数据

在 A2:H19 单元格区域按图示输入数据,并将 B17:H17 单元格区域合并,将 B18:H18 单元格区域合并,将 B19:H19 单元格区域合并。

3. 设置边框和底色

选中 A1:H19 单元格区域，找到"开始"选项卡下"字体"组中的边框线按钮 ，单击按钮旁的下拉箭头，在列表中选择"所有框线"样式，完成框线设置。选中 A2:F12 单元格区域，找到"开始"选项卡下"字体"组中的"填充颜色"按钮 ，单击按钮旁的下拉箭头，在"主题颜色"列表中选择"白色，背景 1，深色 25%"，完成底色设置。

4. 设置列宽

选中 A:H 列，在 A:H 列的任意列标位置右击鼠标，在弹出的快捷菜单中选择"列宽"命令，在弹出的"列宽"对话框中输入"10"，如图 1-10 所示。

图 1-10　设置列宽

5. 设置单元格内容自动换行

右击 H2 单元格，在弹出的快捷菜单中选择"设置单元格格式"命令，弹出"设置单元格格式"对话框，在对话框中的"对齐"选项卡下勾选"自动换行"，如图 1-11 所示。当 H 列的列宽较窄时，该列的文字会自动在单元格中折行显示。

图 1-11　设置单元格格式

6. 插入批注

选中 G2 单元格，单击"审阅"选项卡下的"新建批注"按钮，然后在批注文本框中输入批注内容"实发工资=基本工资+奖金–请假扣款"。

7．设置条件格式

选中 D2:D12 单元格区域，在"开始"选项卡下找到"样式"组中的"条件格式"命令，单击"条件格式"命令的下拉箭头，在弹出的菜单中选择"突出显示单元格规则"，在子菜单中选择"小于"，弹出"小于"对话框，在对话框中设置基本工资小于 1 500 时，设置为"红色文本"，如图 1-12 所示。

图 1-12　设置条件格式

8．重命名工作表

右击工作表标签"Sheet1"，在弹出的快捷菜单中选择"重命名"命令，输入新名称"工资计算"。

9．复制和移动工作表

选中"工资计算"工作表，按住 Ctrl 键的同时，将"工资计算"工作表拖动至 Sheet3 的后面，即可实现对工作表的复制，将复制生成的工作表命名为"工资表备份 1"，然后再将工作表复制一次，将其命名为"工资表备份 2"。注意：如果不按 Ctrl 键，直接拖动工作表，则实现移动。

10．保护和隐藏工作表

保护工作表的主要目的是让用户只能选择和改动指定的区域，防止表格结构和内容被破坏。工作表保护的主要步骤分为两步：一是选择允许用户改动的单元格区域，解除其锁定状态；二是设置用户权限和密码。

按住 Ctrl 键，同时选中"工资表备份 2"工作表中 B13:F16、G3:H16、B17:B19 三个单元格区域，在选中区域中右击鼠标，在快捷菜单中选择"设置单元格格式"命令，弹出"设置单元格格式"对话框，切换到"保护"选项卡，取消"锁定"选项前的"√"，如图 1-13 所示，单击"确定"按钮退出对话框。

工作表保护

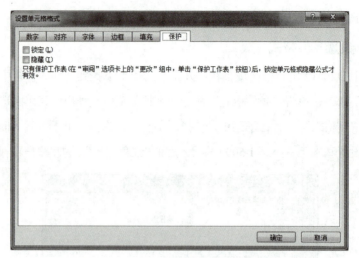

图 1-13 取消"锁定"状态

单击工作簿上方"审阅"选项卡,在"更改"组中单击"保护工作表"命令,出现"保护工作表"对话框,如图 1-14 所示,在"取消工作表保护时使用的密码"栏输入密码,例如"123",单击"确定"按钮后工作表即处于受保护的状态。此时,工作表的列宽、行高不能调整,也不能插入行和列,除了刚才解除锁定的单元格区域之外,其余所有单元格的内容和格式都不能修改。

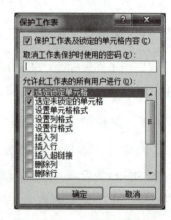

图 1-14 保护工作表

完成以上内容后,将工作簿保存为"工资.xlsx"。类似于 Word 文档,Excel 工作簿保存时也可以设置打开密码和修改密码,设置密码之后,如果用户不知道打开密码,则无法打开该工作簿;如果用户只知道打开密码而不知道修改密码,则只能以只读方式打开工作表。

任务小结

Excel 表格制作可以通过调整行高、列宽、边框、底纹、单元格内数据换行、单元格合并等设置使其更加美观。对于特别需要说明的单元格可以对其设置批注。表格制作好以后,为避免填写者有意或无意破坏表格结构和内容,可以对表格设置密码进行保护。

实践训练

请在 Excel 中制作如图 1-15 所示的收款凭证表格,制作好之后对工作表进行保护,不允许对工作表做任何修改。

图 1-15 收款凭证效果图

任务 3 Power Query 清洗转换数据

任务目的

1. 认识 Power Query 的概念及作用。
2. 掌握数据清洗转换的基本思路。
3. 掌握用 Power Query 合并表格的操作原理及步骤。

工作任务

某图书仓库管理员分别记录了 2021 年 1 月、2 月和 3 月的图书销售出库数据,如图 1-16 所示,但由于工作人员对 Excel 掌握不够,导致三个表的格式不完全一致,且数据存在较多不规范现象。

为了方便在季度末对出库数据进行统计分析,请用 Excel 的 Power Query 组件对数据进行整理,整理后的效果如图 1-17 所示,表中包含 3 个月的销售出库记录,且书名准确,各字段数据类型合理。

	A	B
1	日期	图书及数量
2	2021年1月2日	计算机基础及MS Office应用,12
3	2021年1月4日	嵌入式系统开发技术,5
4	2021年1月4日	操作系统原理,41
5	2021年1月5日	MySQL数据库程序设计,21
6	2021年1月6日	MS Office高级应用,32
7	2021年1月9日	网络技术,3
8	2021年1月9日	数据库技术,1
9	2021年1月10日	软件测试技术,3
10	2021年1月10日	计算机组成与接口,43
11	2021年1月11日	计算机基础及Photoshop应用,22
12	2021年1月11日	C语言程序设计,31
13	2021年1月12日	信息安全技术,19
14	2021年1月12日	数据库原理,43
15	2021年1月13日	V B语言程序设计,39
16	2021年1月15日	Java语言程序设计,30
17	2021年1月16日	Access数据库程序设计,43
18	2021年1月16日	软件工程,40
19	2021年1月17日	计算机基础及MS Office应用,44
20	2021年1月18日	嵌入式系统开发技术,33

1月 2月 3月

	A	B	C
1	图书名称	数量	日期
2	Java语言程序设计	18.0	2021.2.1
3	Access数据库程序设计	15	2021.2.1
4	软件工程	11.0	2021.2.2
5	数据库技术	30	2021.2.5
6	软件测试技术	48.0	2021.2.6
7	计算机组成与接口	3.0	2021.2.7
8	算机基础及Photoshop应	22	2021.2.8
9	C语言程序设计	3.0	2021.2.9
10	算机基础及MS Office应	30	2021.2.10
11	嵌入式系统开发技术	25.0	2021.2.12
12	操作系统原理	13.0	2021.2.12
13	MySQL数据库程序设计	17	2021.2.14
14	MS Office高级应用	47.0	2021.2.14
15	网络技术	10.0	2021.2.15
16	数据库技术	3	2021.2.15
17	软件测试技术	8.0	2021.2.16

1月 2月 3月

	A	B	C	D	E	F	G	H	I	J	K	L	M
1	时间	3/1	3/1	3/2	3/2	3/2	3/6	3/7	3/8	3/9	3/10	3/12	3/13
2	书名	软件工程	数据库技术	软件测试技术	计算机组成与接口	计算机基础及Photoshop应用	C语言程序设计	信息安全技术	数据库原理	VB语言程序设计	Java语言程序设计	Access数据库程序设计	软件工程
3	出库量	15	12	23	41	29	14	23	2	7	8	23	47
4													
5													

1月 2月 3月

图 1-16　图书销售出库原始记录表

	A	B	C
1	日期	书名	数量
2	2021/1/2	计算机基础及MS Office应用	12
3	2021/1/4	嵌入式系统开发技术	5
4	2021/1/4	操作系统原理	41
5	2021/1/5	MySQL数据库程序设计	21
6	2021/1/6	MS Office高级应用	32
7	2021/1/9	网络技术	3
8	2021/1/9	数据库技术	1
9	2021/1/10	软件测试技术	3
10	2021/1/10	计算机组成与接口	43
11	2021/1/11	计算机基础及Photoshop应用	22
12	2021/1/11	C语言程序设计	31
13	2021/1/12	信息安全技术	19
14	2021/1/12	数据库原理	43
15	2021/1/13	V B语言程序设计	39
16	2021/1/15	Java语言程序设计	30
17	2021/1/16	Access数据库程序设计	43
18	2021/1/16	软件工程	40
19	2021/1/17	计算机基础及MS Office应用	44
20	2021/1/18	嵌入式系统开发技术	33
21	2021/1/19	操作系统原理	35
22	2021/1/22	MySQL数据库程序设计	22
23	2021/1/23	MS Office高级应用	38
24	2021/1/24	网络技术	5
25	2021/1/24	数据库技术	32
26	2021/1/25	软件测试技术	19
27	2021/1/26	计算机组成与接口	38
28	2021/1/26	计算机基础及Photoshop应用	29
29	2021/1/29	C语言程序设计	45
30	2021/1/30	信息安全技术	4
31	2021/1/31	数据库原理	7
32	2021/1/31	VB语言程序设计	34
33	2021/2/1	Java语言程序设计	18
34	2021/2/1	Access数据库程序设计	15
35	2021/2/2	软件工程	11
36	2021/2/5	数据库技术	30
37	2021/2/6	软件测试技术	48

图 1-17　整理合并后的数据表

知识链接

在数据采集录入过程中，难免会遇到数据格式不规范、内容错误的现象，甚至记录同一业务工作数据的表格结构前后都不一致，这些都会对后续的数据统计分析造成障碍。数据清洗就是对格式错误的数据进行处理，将错误的数据纠正或删除，将缺失的数据补充完整。Excel 数据清洗可以采用手动调整格式及使用公式完成，但步骤烦琐，也可以使用 Power Query 来完成。Power Query 是 Excel 为适应大数据时代开发的商业智能数据清洗与转换工具，实现了查找引用类函数的综合功能，但远比它们强大，操作简便，数据处理量更大，并且处理速度快一个数量级。Power Query 作为 Excel 的内置组件，其主要功能包括数据获取、数据清洗、合并转换等。

任务实施

1. 观察原始数据表

通过观察发现原始数据表中存在较多问题：1 月的表中将图书名称和数量填写在一列，且书名和数量前后存在空格；2 月的表中图书名称前后存在空格，数量的数据类型存在文本和数值两种，且保留小数位数不合适，日期列的数据不符合日期型要求；3 月的表行列结构与 1 月和 2 月不一致，行列进行了交换，且值的前后可能存在空格；三个表基本都记录了日期、书名和数量，但字段名（列名称）不一致，这些都是清洗整理要解决的问题。

Power Query 清洗转换数据

2. 进入 Power Query 编辑器

单击"数据"选项卡下的"新建查询"，在下拉列表中选择"从文件"，在子菜单中选择"从工作簿"，如图 1-18 所示，在弹出的"导入数据"对话框中选择工作簿文件所在的路径，单击"导入"。

在如图 1-19 所示的"导航器"窗口中勾选"选择多项"，然后勾选下方所列出的三个表。

单击导航器右下方"转换数据"按钮，打开如图 1-20 所示的"Power Query 编辑器"窗口。

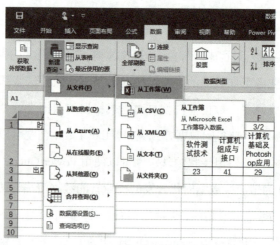

图 1-18 菜单命令

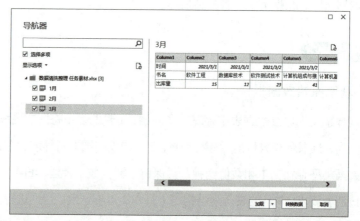

图 1-19 导航器

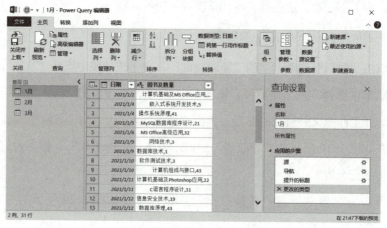

图 1-20 Power Query 编辑器

3．清洗整理"1月"数据表

单击选中左侧"1月"数据表，在中间编辑区域中选中"图书及数量"字段名，单击上方"拆分列"命令下的"按分隔符"，弹出如图1-21所示的"按分隔符拆分列"对话框，将"选择或输入分隔符"设置为"逗号"，"拆分位置"设置为"最左侧的分隔符"，单击"确定"，可观察到一列被拆分为两列，列标题分别自动命名为"图书及数量.1"和"图书及数量.2"。

图 1-21　按分隔符拆分列

单击列标题"图书及数量.1"，选中该列，单击"转换"选项卡下的"格式"，在下拉菜单中选择"修整"命令，删除图书名称前后的空格。

双击列标题"图书及数量.1"，将列标题更改为"书名"；双击列标题"图书及数量.2"，将列标题更改为"数量"，整理后的"1月"数据表如图1-22所示。其中列标题左侧的图标直观地指示了该列的数据类型。

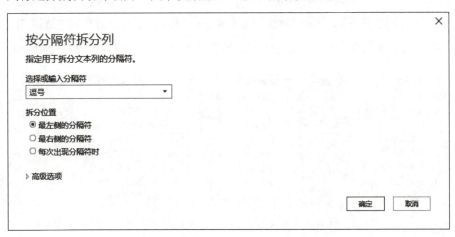

图 1-22　"1月"数据表整理效果

4．清洗整理"2月"数据表

单击选中左侧"2月"数据表，单击列标题"图书名称"选中该列，单击"转换"选项卡下的"格式"，在下拉菜单中选择"修整"命令，删除图书名称前后的空格。双击列标题"图书名称"，将列标题更改为"书名"。

观察"数量"和"日期"两列，"数量"列中文本和数字混杂的问题已经被自动纠正，"日期"表达不规范问题也被自动纠正。清洗整理后的"2月"数据表如图1-23所示。

5．清洗整理"3月"数据表

单击选中左侧"3月"数据表，单击"数据"选项卡下的"转置"，将原始数据表的行列进行交换；单击"将第一行用作标题"，生成列标题。双击列标题"时间"，将其更改为"日期"，双击列标题"出库量"，将其更改为"数量"；选中列标题"书名"，单击"转换"选项卡下的"格式"，在下拉列表中选择"修整"命令，删除图书名称前后的空格。整理后的"3月"数据表如图1-24所示。

	书名	数量	日期
1	Java语言程序设计	18	2021/2/1
2	Access数据库程序设...	15	2021/2/1
3	软件工程	11	2021/2/2
4	数据库技术	30	2021/2/5
5	软件测试技术	48	2021/2/6
6	计算机组成与接口	3	2021/2/7
7	计算机基础及Photo...	22	2021/2/8
8	C语言程序设计	3	2021/2/9

图1-23 "2月"数据表整理效果

	日期	书名	数量
1	2021/3/1	软件工程	15
2	2021/3/1	数据库技术	12
3	2021/3/2	软件测试技术	23
4	2021/3/2	计算机组成与接口	41
5	2021/3/2	计算机基础及Photo...	29
6	2021/3/6	C语言程序设计	14
7	2021/3/7	信息安全技术	23
8	2021/3/8	数据库原理	2

图1-24 "3月"数据表整理效果

6．合并转换表格

单击"主页"选项卡下"追加查询"右侧的下拉箭头，在下拉列表中选择"将查询追加为新查询"，在弹出的"追加"对话框中选择"三个或更多表"，将"可用表"下的三个表都添加到右侧，如图1-25所示，单击"确定"。

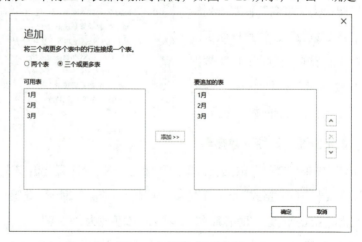

图1-25 "追加"对话框

单击"主页"选项卡下"关闭并上载",如图 1-26 所示,Power Query 将自动创建新的工作表,分别存放整理后的"1 月""2 月""3 月"数据表和合并之后的数据表。

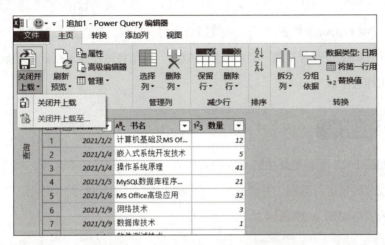

图 1-26　上载整理后数据至 Excel 工作表

7. 设置合并表格式

单击"Sheet4"工作表(存放合并数据的工作表),单击"设计"选项卡下的"转换为区域",在出现的提示对话框中单击"确定"。

选中数据单元格区域 A1:C88,设置边框线类型为"所有框线",设置格式之后的合并数据表如图 1-27 所示。

	A	B	C
1	日期	书名	数量
2	2021/1/2	计算机基础及MS Office应用	12
3	2021/1/4	嵌入式系统开发技术	5
4	2021/1/4	操作系统原理	41
5	2021/1/5	MySQL数据库程序设计	21
6	2021/1/6	MS Office高级应用	32
7	2021/1/9	网络技术	3
8	2021/1/9	数据库技术	1
9	2021/1/10	软件测试技术	3
10	2021/1/10	计算机组成与接口	43
11	2021/1/11	计算机基础及Photoshop应用	22
12	2021/1/11	C语言程序设计	31
13	2021/1/12	信息安全技术	19
14	2021/1/12	数据库原理	43
15	2021/1/13	VB语言程序设计	39
16	2021/1/15	Java语言程序设计	30
17	2021/1/16	Access数据库程序设计	43
18	2021/1/16	软件工程	40
19	2021/1/17	计算机基础及MS Office应用	44
20	2021/1/18	嵌入式系统开发技术	33

图 1-27　设置格式后的合并数据表

任务小结

数据规范性和准确性极大影响后续的统计分析工作,因此在计算统计之前有必要对数据进行清洗,例如去除字符前后的空格、调整数据类型、删除无效值等。Power Query 能够高效地对数据进行清洗整理,同时支持对表格进行合并操作。数据整理合并都不会影响原有数据,而是将清洗整理后的数据放入新建的工作表中。

实践训练

如图 1-28 所示是某生鲜仓库的入库表、出库表和期初结余表,现需对表中不规范数据进行整理,并合并成一个表,以便于后续进行统计分析,整理合并后的表格如图 1-29 所示。

入库表:

	A	B	C	D
1	入库物品	入库数量	入库日期	操作人
2	西瓜	200	2022.12.5	李布
3	苹果	100	2022.12.6	李布
4	香蕉	300	2022.12.7	李布
5	哈密瓜	500	2022.12.8	张菲
6	青瓜	80	2022.12.8	张菲

出库表:

	A	B	C	D
1	出库ID	出库人	出库物品	出库数量
2	1	李布	苹果	20.0
3	2	肖乔	香蕉	10.0
4	3	孙香	西瓜	10.0
5	4	朱亮	苹果	20.0
6	5	关宇	青瓜	5.0

期初结余:

	A	B
1	物品名称	数量
2	哈密瓜	100
3	南瓜	150
4	黄瓜	98
5	丝瓜	170
6	青瓜	50

图 1-28 入库表、出库表和期初结余表

	A	B	C
1	物品	数量	类型
2	哈密瓜	100	在库
3	南瓜	150	在库
4	黄瓜	98	在库
5	丝瓜	170	在库
6	青瓜	50	在库
7	苹果	20	出库
8	香蕉	10	出库
9	西瓜	10	出库
10	苹果	20	出库
11	青瓜	5	出库
12	西瓜	200	入库
13	苹果	100	入库
14	香蕉	300	入库
15	哈密瓜	500	入库
16	青瓜	80	入库

图 1-29 整理合并之后的表

项目 2
数据计算与统计

任务 1　基本函数应用

任务目的

1. 掌握常用统计函数、文本函数、逻辑函数等的使用。
2. 掌握 IF 函数嵌套实现多级条件判断。

工作任务

请用常用函数完成图 2-1 工资表中工资数据的计算；用 IF 函数的嵌套完成对图 2-2 中满意度分数的等级判断。

	A	B	C	D	E	F	G	H
1	工资表							
2	姓名	部门	员工编号	基本工资	奖金	请假扣款	实发工资	实发工资是否达到平均值
3	李红	电信系	1	2000	800	50		
4	王丽丽	计科系	2	1700	900	0		
5	吴浩	通讯系	3	1800	600	40		
6	刘武	经管系	4	1500	1000	0		
7	徐天	英语系	5	1600	858	10		
8	赵晓旭	电信系	6	1560	760	10		
9	刘珊	计科系	7	1490	190	0		
10	李雷	经管系	8	1750	460	30		
11	宋磊	外语系	9	1670	630	10		
12	张文龙	通讯系	10	1800	560	40		
13	合计							
14	平均值							
15	最大值							
16	最小值							
17	总人数							
18	经管系人数							
19	经管系奖金合计							

图 2-1　工资表

	A	B	C	D	E	F	G
1	分数	等级					
2	85						
3	69						
4	75		要求：用IF函数对分数进行等级判断，				
5	46		分数在90分及以上为优秀，80分及以				
6	93		上为良好，70分及以上为中等，60分				
7	67		及以上为合格，60分以下为不合格				
8	85						
9	60						
10	80						
11	89						
12	91						
13	62						
14	59						
15	70						
16	74						
17	78						
18	89						

图 2-2 满意度分数等级判断

知识链接

Excel 中的函数实际上是一个预先定义好的计算公式，我们只需要通过引用函数名，给定函数运算参数即可完成相应的计算工作。函数的使用不仅可以完成许多复杂的计算，而且还可以简化公式的繁杂程度。

Excel 函数一共有 11 类，分别是数据库函数、日期与时间函数、工程函数、财务函数、信息函数、逻辑函数、查询和引用函数、数学和三角函数、统计函数、文本函数以及用户自定义函数。对于一般用户来讲，常用的函数如表 2-1 所示。

表 2-1 常用函数

函数分类	函数名称	函数功能	功能描述	语法
统计函数	SUM	求和	对指定单元格区域或数值进行求和	=SUM(单元格区域)
	SUMIF	条件求和	对指定单元格区域满足特定条件的单元格求和	=SUMIF(条件判断区域,过滤条件,求和区域)
	AVERAGE	求平均值	对指定单元格区域或数值求算数平均值	=AVERAGEIF(条件判断区域,条件,求平均值区域) =AVERAGE(单元格区域)
	COUNT	计数	对指定单元格区域统计数值的个数	=COUNT(单元格区域)

（续）

函数分类	函数名称	函数功能	功能描述	语法
统计函数	COUNTIF	条件计数	对指定单元格区域统计满足指定条件的单元格个数	=COUNTIF（单元格区域，过滤条件）
	MAX	求最大值	对指定单元格区域或数值求最大值	=MAX（单元格区域）
	MIN	求最小值	对指定单元格区域或数值求最小值	=MIN（单元格区域）
	AVERAGEIF	条件平均	对指定单元格区域满足特定条件的单元格求平均值	
逻辑函数	IF	条件判断	对给定的表达式进行判断，根据逻辑值"真"（TRUE）、"假"（FALSE）返回相应的值	=IF(判断条件表达式，条件成立返回的值，条件不成立返回的值)
文本函数	MID	从字符串中间取子串	从给定字符串指定位置起取指定个数的字符	=MID(字符串，起始位置，字符个数)
	LEFT	从字符串左侧开始取子字符串	从字符串左侧第一个字符开始取指定个数的字符	=LEFT(字符串，字符个数)
	RIGHT	从字符串右侧开始取子字符串	从字符串右侧第一个字符开始取指定个数的字符	=RIGHT(字符串，字符个数)
	TEXT	格式转换	按照指定格式将数值转换成文本	=TEXT(转换值，转换格式)
数学和三角函数	MOD	返回两数相除的余数	被除数和除数进行整除运算，返回余数	=MOD(被除数，除数)
	ROUND	四舍五入	对给定数值按照指定位数保留小数	=ROUND（要处理的数值，保留的小数位数）
	RANDBE-TWEEN	产生随机整数	产生指定范围的随机整数	=RANDBETWEEN（下限整数值，上限整数值）
	RAND	产生随机小数	产生[0,1)之间平均分布的随机数	=RAND()

✅ 任务实施

1. 计算实发工资

方法一：用编辑公式的方法。选中 G3 单元格，然后输入公式"=D3+E3-F3"，回车确认。拖动 G3 单元格右下角的填充句柄至 G12 单元格，即可完成所有员工实发工资的计算。

方法二：用插入函数的方法。选中 G3 单元格，单击编辑栏"插入函数" fx 按钮，在弹出的"插入函数"对话框中选择"SUM"函数，在"函数参数"对话框中的"Number1"文本框中输入 D3:E3（注意：也可以直接用鼠标在表格上拖动实现选择），在 Number2 文本框中输入"-F3"，如图 2-3 所示，单击"确定"即可完成计算。

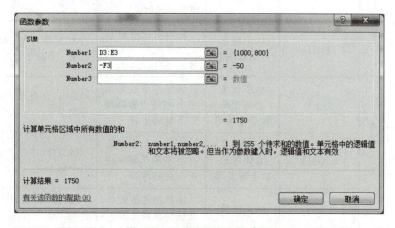

图 2-3　设置 SUM 函数参数

2. 用 SUM 函数计算合计

选中 D13 单元格，单击"开始"选项卡下"编辑"组中的"求和"按钮 Σ，Excel 自动插入 SUM 函数，并自动识别求和区域为 D3:D12，回车确认即可。

3. 用 AVERAGE 函数计算平均值

选中 D14 单元格，找到"开始"选项卡下"编辑"组中的"求和"按钮 Σ，单击旁边的下拉箭头，在弹出的快捷菜单中选择"平均值"命令，

AVERAGE 函数被自动插入，其自动识别的计算区域不正确，需重新选择 D3:D12 区域，回车确认完成计算。

4. 用 MAX 函数计算最大值

选中 D15 单元格，找到"开始"选项卡下"编辑"组中的"求和"按钮 Σ▼，单击旁边的下拉箭头，在弹出的快捷菜单中选择"最大值"命令，MAX 函数被插入，重新选择区域 D3:D12，回车确认完成计算。

5. 用 MIN 函数计算最小值

选中 D16 单元格，找到"开始"选项卡下"编辑"组中的"求和"按钮 Σ▼，单击旁边的下拉箭头，在弹出的快捷菜单中选择"最小值"命令，MIN 函数被插入，重新选择区域 D3:D12，回车确认完成计算。

选择 D13:D16 单元格区域，拖动区域右下角的填充句柄至 G16 单元格，完成其他工资项目的计算。

6. 用 COUNT 函数计算总人数

选中 B17 单元格，找到"开始"选项卡下"编辑"组中的"求和"按钮 Σ▼，单击旁边的下拉箭头，在弹出的快捷菜单中选择"计数"命令，COUNT 函数被插入，计算区域选择 C3:C12，回车确认完成总人数统计。注意：COUNT 函数的作用是统计选定区域中内容为数值的单元格个数，忽略文本单元格和空单元格。统计人数也可以采用 COUNTA 函数对"职工编号"或"姓名"列进行统计，COUNTA 函数的作用是统计选定单元格区域中非空单元格的个数。

7. 用 COUNTIF 函数计算经管系人数

选中 B18 单元格，单击"插入函数"按钮 *fx*，弹出"插入函数"对话框，选择"统计"类别，然后在下方选择 COUNTIF 函数，如图 2-4 所示。在"函数参数"对话框中的 Range（区域）参数中输入"B3:B12"，在 Criteria（条件）参数中输入""经管系""（注意：因为是字符串，所以必须有英文双引号）或者单元格地址 B6（即任何一个内容为"经管系"的单元格），如图 2-5 所示，回车确认完成计算。

图 2-4 插入函数

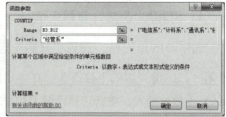
图 2-5 定义 COUNTIF 函数参数

8. 用 SUMIF 函数计算经管系奖金合计

选中 B19 单元格，单击"插入函数"按钮 f_x，弹出"插入函数"对话框，选择"常用函数"类别，然后在下方选择 SUMIF 函数，出现如图 2-6 所示的"函数参数"对话框，在 Range（条件判断区域）参数中输入"B3:B12"单元格区域，在 Criteria（判断条件）参数中输入""经管系""，在 Sum_range（求和区域）参数中输入求和区域"E3:E12"，单击"确定"完成计算。

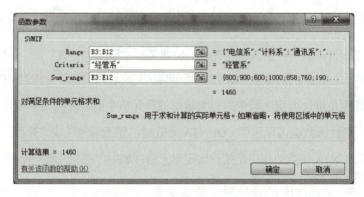
图 2-6 定义 SUMIF 函数参数

9. 用 IF 函数判断实发工资是否达到平均值

选中 H3 单元格，插入 IF 函数，在"函数参数"对话框中的 Logical_test（逻辑表达式）参数中输入"G3>=G$14"，在 Value_if_true（逻辑表达式成立的情况下要返回的值）参数中输入""是""，在 Value_if_false（逻辑表达式不成立的情况下要返回的值）参数中输入""否""，如图 2-7 所示，回车确认即可判断第一个实发工资是否达到平均值，拖动 H3 单元格右下角填充句柄至 H12 完成所有工资的判断。

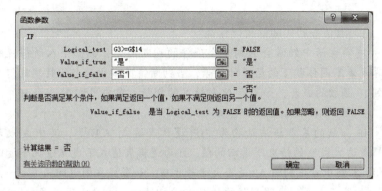

图 2-7 定义函数参数

> **思考与点拨：**
>
> 公式中的"$"符号有什么用？
> "$"是绝对引用符号，其作用是将单元格地址中的列标或者行号锁定，不允许其随着拖动而发生变化。关于引用的类型将在后面的任务中详细介绍。

10. 用 IF 函数嵌套完成对分数等级判断

选中 B2 单元格，首先判断 A2 单元格分数的等级，输入公式"=IF(A2>=90,"优秀",IF(A2>=80,"良好",IF(A2>=70,"中等",IF(A2>=60,"合格","不合格"))))"，回车即可完成 A2 单元格分数等级判断；拖动 B2 单元格右下角的填充句柄至 B18 单元格，即可完成所有分数的等级判断，如图 2-8 所示。

IF 函数及其嵌套

图 2-8 多级条件判断结果

思考与点拨：

1. 该任务的实际意义是什么？

现实生活中经常会遇到多个条件的判断问题，例如个人所得税的计算或者不同体积下的运费计算等，当判断情况多于两个的时候就需要用到 IF 函数的嵌套，如果有 N 种情况的判断，需要用到 $N-1$ 个 IF。

2. 这里 IF 函数层层嵌套该如何理解？

IF 函数的基本语法结构为"IF(逻辑表达式,A,B)"，其中 A 表示逻辑表达式成立的情况下返回的值，B 为逻辑表达式不成立情况下返回的值，本例中首先判断 A2 是否大于等于 90，如果成立则返回 A 参数"优秀"，如果不成立则表明判断的数在 90 分以下，而 90 分以下有多种情况，故不能返回具体等级，而是需要继续进行判断，所以最外层 IF 函数的 B 参数实际上就是"IF(A2>=80,"良好",IF(A2>=70,"中等",IF(A2>=60,"合格","不合格")))"，这样进行层层嵌套就构成了上述的公式，其判断流程如图 2-9 所示。

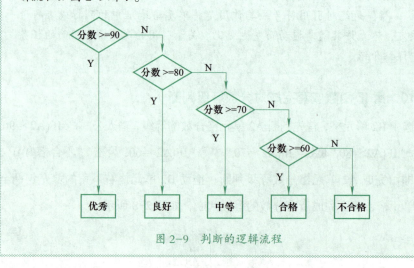

图 2-9 判断的逻辑流程

上述步骤是按照从大往小的顺序进行判断的，建议删除 B 列的判断结果，然后按从小往大的判断顺序（即先判断是否小于 60）重新编辑公式进行等级判断。

任务小结

函数是实现快速数据计算统计的利器，为提高工作效率，需要牢记常用函数的名称、作用和语法结构，同时最好能记住函数的拼写和语法顺序，而不是总依赖函数参数对话框，以实现复杂计算下的函数嵌套使用。IF 函数是 Excel 中一个非常重要的函数，能够和其他函数共同完成复杂的计算。在函数使用过程中一定要注意括号总是成对使用的，并且函数语法中所涉及的标点必须在英文状态下输入。

实践训练

打开如图 2-10 所示的素材文件，并完成后面的要求。

	A	B	C	D	E	F	G	H	I	J
1	员工编号	员工姓名	身份证号	所在部门	基本工资	奖金	住房补助	车费补助	保险金	请假扣款
2	1001	江雨薇	360102198305230088	人事部	¥8,000	¥250	¥100	¥120	¥200	¥20
3	1002	郝思嘉	330226198503280033	行政部	¥7,000	¥300	¥100	¥120	¥200	¥23
4	1003	林晓彤	360402198211040020	财务部	¥7,500	¥360	¥100	¥0	¥200	¥14
5	1004	曾云儿	452522198609255866	销售部	¥7,000	¥450	¥100	¥120	¥200	¥8
6	1005	邱月清	1328291987040 1245X	业务部	¥8,000	¥120	¥100	¥0	¥200	¥9
7	1006	沈沉	142224198402150989	人事部	¥4,900	¥180	¥100	¥50	¥200	¥50
8	1007	蔡小蓓	130223198009056113	行政部	¥7,000	¥300	¥100	¥120	¥200	¥36
9	1008	尹南	320102198509242862	财务部	¥8,000	¥360	¥100	¥120	¥200	¥40
10	1009	陈小旭	130302198909052211	销售部	¥7,500	¥450	¥100	¥120	¥200	¥60
11	1010	薛婧	130302198703074518	业务部	¥6,200	¥120	¥100	¥120	¥200	¥25
12				合计						
13				平均值						
14				最高值						
15				最低值						

图 2-10　效果图

具体要求：

1. 在第 K 列上计算每个员工的应发金额（注意添加列标题为"应发金额"，下同）。

提示： 应发金额 = 基本工资 + 奖金 + 住房补助 + 车费补助 - 保险金 - 请假扣款。

2. 在第 L 列上计算"扣税所得额"，计算方法为：

如应发金额少于 1 000 元，则扣税所得额为 0；否则，扣税所得额为应发金额减去 1 000 元。

3. 在第 M 列上计算个人所得税，个人所得税的计算方法：

扣税所得额 <3 000　　　　　个人所得税 = 扣税所得额 ×3%

3 000 ≤ 扣税所得额 <12 000　　个人所得税 = 扣税所得额 ×10%-210

12 000 ≤ 扣税所得额 <25 000　个人所得税 = 扣税所得额 ×20%-1 410。

4. 在第 N 列上计算实发金额，实发金额 = 应发金额 - 个人所得税。

5. 计算每个工资项目的合计值和平均值（包括上几步计算出的工资项目）。

6. 计算出每个工资项目的最高值和最低值（包括上几步计算出的工资项目）。

7. 用函数统计员工总人数、人事部的员工人数、行政部的员工人数，将答案分别放在单元格 E17、E18 和 E19 中。

8. 统计出应发金额在 3 000 元以上的员工人数（不区分所在部门），答案放在 E20 单元格中。

9. 计算财务部的应发金额总和，将答案填在 E21 单元格中。

10. 设置条件格式，将"车费补助"列中为 0 的单元格设置为红色文本。

11. 设置条件格式，将人事部员工所在的行填充为蓝色，而财务部员工所在的行填充为灰色。

任务 2　高级函数应用

任务目的

1. 熟练掌握 VLOOKUP 等查找和引用函数的使用。
2. 熟练掌握 SUMIFS、COUNTIFS、AVERAGEIFS 等多条件统计函数的使用。

工作任务

一个 Excel 工作簿中有如图 2-11 所示的"销售订单明细表"和图 2-12 所示的"图书编号对照表"两个工作表，请为"销售订单明细表"中每个订单补齐图书名称和单价信息，并完成以下统计计算：

1. 《MS Office 高级应用》图书在 2021 年的总销售额。
2. 隆华书店在 2021 年第 3 季度（7 月 1 日～9 月 30 日）的订单个数。
3. 隆华书店在 2021 年的每月平均销售额（保留 2 位小数）。

销售订单明细表

订单编号	日期	书店名称	图书编号	图书名称	单价	销量（本）
BTW-08001	2021年1月2日	鼎盛书店	BK-83021			12
BTW-08002	2021年1月4日	博达书店	BK-83033			5
BTW-08003	2021年1月4日	博达书店	BK-83034			41
BTW-08004	2021年1月5日	鼎盛书店	BK-83027			21
BTW-08005	2021年1月6日	鼎盛书店	BK-83028			32
BTW-08006	2021年1月9日	鼎盛书店	BK-83029			3
BTW-08007	2021年1月9日	博达书店	BK-83030			1
BTW-08008	2021年1月10日	鼎盛书店	BK-83031			3
BTW-08009	2021年1月10日	博达书店	BK-83035			43
BTW-08010	2021年1月11日	隆华书店	BK-83022			22
BTW-08011	2021年1月11日	鼎盛书店	BK-83023			31
BTW-08012	2021年1月12日	隆华书店	BK-83032			19
BTW-08013	2021年1月12日	博达书店	BK-83036			43
BTW-08014	2021年1月13日	隆华书店	BK-83024			39
BTW-08015	2021年1月15日	鼎盛书店	BK-83025			30
BTW-08016	2021年1月16日	鼎盛书店	BK-83026			43
BTW-08017	2021年1月16日	鼎盛书店	BK-83037			40
BTW-08018	2021年1月17日	鼎盛书店	BK-83021			44
BTW-08019	2021年1月18日	博达书店	BK-83033			33
BTW-08020	2021年1月19日	鼎盛书店	BK-83034			35
BTW-08021	2021年1月22日	博达书店	BK-83027			22
BTW-08022	2021年1月23日	博达书店	BK-83028			38
BTW-08023	2021年1月24日	隆华书店	BK-83029			5
BTW-08024	2021年1月24日	鼎盛书店	BK-83030			32
BTW-08025	2021年1月25日	鼎盛书店	BK-83031			19

图 2-11　销售订单明细表

图书编号对照表

图书编号	图书名称	定价
BK-83021	《计算机基础及MS Office应用》	¥ 36.00
BK-83022	《计算机基础及Photoshop应用》	¥ 34.00
BK-83023	《C语言程序设计》	¥ 42.00
BK-83024	《VB语言程序设计》	¥ 38.00
BK-83025	《Java语言程序设计》	¥ 39.00
BK-83026	《Access数据库程序设计》	¥ 41.00
BK-83027	《MySQL数据库程序设计》	¥ 40.00
BK-83028	《MS Office高级应用》	¥ 39.00
BK-83029	《网络技术》	¥ 43.00
BK-83030	《数据库技术》	¥ 41.00
BK-83031	《软件测试技术》	¥ 36.00
BK-83032	《信息安全技术》	¥ 39.00
BK-83033	《嵌入式系统开发技术》	¥ 44.00
BK-83034	《操作系统原理》	¥ 39.00
BK-83035	《计算机组成与接口》	¥ 40.00
BK-83036	《数据库原理》	¥ 37.00
BK-83037	《软件工程》	¥ 43.00

图 2-12　图书编号对照表

知识链接

1. VLOOKUP 函数

【格式】=VLOOKUP(查找值 , 查找区域 , 返回值的列序号 , 查找类型)。

【作用】在指定区域中查找给定值，最终返回找到值所在行和指定列交叉位置的值。

【说明】查找值必须是属于查找区域的第一列的值；查找类型有 True 和 False 两种，当取 True 时，表示近似查找，如果找不到精确匹配值，则匹配小于查找值的最大值，要求查找区域的值必须是经过升序排序的。当取值为 False 时，表示进行精确查找，大多数情况下均用此类型。在函数使用中，True 和 False 可以分别用 1 和 0 表示。

2．SUMIFS 函数

【格式】=SUMIFS(求和区域 , 条件判断区域 1, 条件 1, 条件判断区域 2, 条件 2, 条件判断区域 3, 条件 3,…) 。

【作用】对满足特定条件（条件数量）大于等于 2 个）的区域求和，相对于 SUMIF 是单条件求和，SUMIFS 是多条件求和，功能更为强大。

3．COUNTIFS 函数

【格式】=COUNTIFS(条件判断区域 1, 条件 1, 条件判断区域 2, 条件 2, 条件判断区域 3, 条件 3, …) 。

【作用】统计满足指定条件的单元格个数。相对于 COUNTIF 是单条件计数，COUNTIFS 是多条件计数，功能更为强大。

4．AVERAGEIFS 函数

【格式】=AVERAGEIFS(求平均值区域 , 条件判断区域 1, 条件 1, 条件判断区域 2, 条件 2,…) 。

【作用】对满足特定条件（条件数量大于等于 2 个）的区域求平均值，相对于 AVERAGEIF 是单条件求和，AVERAGEIFS 是多条件求和，功能更为强大。

◉ 任务实施

1．填充图书名称

将光标定位到"销售订单明细表"的 E3 单元格，输入公式"=VLOOKUP(D3, 编号对照 !$A$2:$C$19,2,0)"，回车即可返回第一个订单的图书名称，双击 E3 单元格右下角填充句柄，实现公式的引用，完成所有图书名称的填充。

高级函数应用

2. 填充图书单价

将光标定位到"销售订单明细表"中的 F3 单元格，输入公式"=VLOOKUP(D3,编号对照!A$2:C$19,3,0)"，回车即可返回第一个订单的图书单价，双击 F3 单元格右下角填充句柄，实现公式的引用，完成所有图书单价的填充。

> **思考与点拨：**
> VLOOKUP 函数的计算原理是怎样的？
> VLOOKUP 函数的基本语法结构为"VLOOKUP（查找值，查找区域，返回值的列序号，查找类型）"。执行公式计算时，Excel 首先会在查找区域（即第二个参数）的第一列中寻找查找值（即第一个参数），找到之后确定行号，再根据第三个参数指定列标，行号和列标的交叉位置即最终返回的值。

3. 计算小计

将光标定位到"销售订单明细表"中的 H3 单元格，输入公式"=F3*G3"，回车完成第一个订单的小计计算，双击 H3 单元格右下角填充句柄，实现公式的引用，完成所有订单的小计计算，如图 2-13 所示。

订单编号	日期	书店名称	图书编号	图书名称	单价	销量（本）	小计
BTW-08001	2021年1月2日	鼎盛书店	BK-83021	《计算机基础及MS Office应用》	36	12	432
BTW-08002	2021年1月4日	博达书店	BK-83033	《嵌入式系统开发技术》	44	5	220
BTW-08003	2021年1月4日	博达书店	BK-83034	《操作系统原理》	39	41	1599
BTW-08004	2021年1月5日	博达书店	BK-83027	《MySQL数据库程序设计》	40	21	840
BTW-08005	2021年1月6日	鼎盛书店	BK-83028	《MS Office高级应用》	39	32	1248
BTW-08006	2021年1月9日	博达书店	BK-83029	《网络技术》	43	3	129
BTW-08007	2021年1月9日	博达书店	BK-83030	《数据库技术》	41	1	41
BTW-08008	2021年1月10日	鼎盛书店	BK-83031	《软件测试技术》	36	3	108
BTW-08009	2021年1月10日	博达书店	BK-83035	《计算机组成与接口》	40	43	1720
BTW-08010	2021年1月11日	隆华书店	BK-83022	《计算机基础及Photoshop应用》	34	22	748
BTW-08011	2021年1月11日	鼎盛书店	BK-83023	《C语言程序设计》	42	31	1302
BTW-08012	2021年1月12日	鼎盛书店	BK-83032	《信息安全技术》	39	19	741
BTW-08013	2021年1月12日	鼎盛书店	BK-83036	《数据库原理》	37	43	1591
BTW-08014	2021年1月13日	隆华书店	BK-83024	《VB语言程序设计》	38	39	1482
BTW-08015	2021年1月15日	鼎盛书店	BK-83025	《Java语言程序设计》	39	30	1170
BTW-08016	2021年1月16日	鼎盛书店	BK-83026	《Access数据库程序设计》	41	43	1763
BTW-08017	2021年1月16日	鼎盛书店	BK-83037	《软件工程》	43	40	1720
BTW-08018	2021年1月17日	鼎盛书店	BK-83021	《计算机基础及MS Office应用》	36	44	1584
BTW-08019	2021年1月18日	鼎盛书店	BK-83033	《嵌入式系统开发技术》	44	33	1452
BTW-08020	2021年1月19日	鼎盛书店	BK-83034	《操作系统原理》	39	35	1365
BTW-08021	2021年1月22日	博达书店	BK-83027	《MySQL数据库程序设计》	40	22	880
BTW-08022	2021年1月23日	博达书店	BK-83028	《MS Office高级应用》	39	38	1482
BTW-08023	2021年1月24日	隆华书店	BK-83029	《网络技术》	43	5	215

图 2-13　图书名称和单价补充及小计计算

4. 编制统计报告

新建一个名为"统计报告"的工作表，编制如图 2-14 所示的统计报告表格。

图 2-14 统计报告模板

选中 B3 单元格，输入公式"=SUMIFS(订单明细表 !H3:H636, 订单明细表 !E3:E636, 订单明细表 !E7, 订单明细表 !B3:B636,">=2021/1/1", 订单明细表 !B3:B636,"<=2021/12/31")"，回车完成第一个统计项目的计算。

选中 B4 单元格，输入公式"=COUNTIFS(订单明细表 !C3:C636, 订单明细表 !C12, 订单明细表 !B3:B636,">=2021/7/1", 订单明细表 !B3:B636,"<=2021/9/30")"，回车完成第二个统计项目的计算。

选中 B5 单元格，输入公式"=SUMIFS(订单明细表 !H3:H636, 订单明细表 !C3:C636, 订单明细表 !C12, 订单明细表 !B3:B636,">=2021/1/1", 订单明细表 !B3:B636,"<=2021/12/31")/12"，回车即可完成第三个统计项目的计算。统计项目计算结果如图 2-15 所示。

统计报告	
统计项目	销售额
《MS Office高级应用》图书在2021年的总销售额	19578
隆华书店在2021年第3季度（7月1日~9月30日）的订单个数	32
隆华书店在2021年的每月平均销售额（保留2位小数）	9845.25

图 2-15 统计项目计算结果

> **思考与点拨：**
>
> 1. 如何让公式更为简短？
>
> 这里所写的几个公式由于反复引用了工作表名字和单元格地址，使公式变得复杂冗长，其实可以通过对销售订单明细表中的列进行命名，命名后在公式中引用名字即可，可使公式大幅缩短，提高公式可读性。
>
> 2. SUMIF 和 SUMIFS 函数有什么区别？
>
> SUMIF 是单条件求和，SUMIFS 是多条件求和，后者可替代前者，且须注意 SUMIF 和 SUMIFS 的参数顺序是不一样的，SUMIF 的求和区域是最后一个参数，SUMIFS 的求和区域是第一个参数。

任务小结

本任务涉及日常工作中常见的计算和统计问题，这类问题可以用函数来实现，也可以使用后续内容中的数据透视表或者 SQL 查询来完成。任务首先需要通过图书编号来查找图书名称，这类查找匹配问题一般通过 VLOOKUP 来完成，该函数是 Excel 中非常有用的一个函数，需要重点掌握。在统计计算时，SUMIF 和 COUNTIF 分别是单条件下的求和与计数，而 SUMIFS 和 COUNTIFS 则可以分别实现多条件下的求和及计数，但是参数顺序的区别需要注意。为简化公式中的引用，可以提前对单元格区域命名，这样可以大大提高公式的可读性。

实践训练

素材文件中包含捷安物流公司 2021 年员工出差记录（见图 2-16）和费用类别编号（见图 2-17），请补充"费用报销管理"工作表中的"费用类别""地区"和"是否加班"三列的数据，并完成以下统计计算。

1. 2021 年第二季度发生在北京市的差旅费用金额总计。
2. 2021 年钱顺卓报销的火车票总计金额。
3. 2021 年差旅费用金额中，飞机票占所有报销费用的比例（保留 2 位小数）。
4. 2021 年发生在周末（星期六和星期日）的通信补助总金额。

日期	报销人	活动地点	地区	用类别编	费用类别	差旅费用金额	是否加班
捷安物流公司差旅报销管理							
2021年1月20日	孟天祥	福建省厦门市思明区莲岳路118号中烟大厦1702室		BIC-001		¥ 120.00	
2021年1月21日	陈祥通	广东省深圳市南山区蛇口港湾大道2号		BIC-002		¥ 200.00	
2021年1月22日	王天宇	上海市闵行区浦星路699号		BIC-003		¥ 3,000.00	
2021年1月23日	方文成	上海市浦东新区世纪大道100号上海环球金融中心56楼		BIC-004		¥ 300.00	
2021年1月24日	钱顺卓	海南省海口市琼山区红城湖路22号		BIC-005		¥ 100.00	
2021年1月25日	王崇江	云南省昆明市官渡区拓东路6号		BIC-006		¥ 2,500.00	
2021年1月26日	黎浩然	广东省深圳市龙岗区坂田		BIC-007		¥ 140.00	
2021年1月27日	刘露露	江西省南昌市西湖区洪城路289号		BIC-005		¥ 200.00	
2021年1月28日	陈祥通	北京市海淀区东北旺西路8号		BIC-006		¥ 345.00	
2021年1月29日	徐志晨	北京市西城区西绒线胡同51号中国会		BIC-007		¥ 22.00	
2021年1月30日	张哲宇	贵州省贵阳市云岩区中山西路51号		BIC-006		¥ 246.00	
2021年1月31日	王炫鲲	贵州省贵阳市中山西路51号		BIC-009		¥ 388.00	
2021年2月1日	王海德	辽宁省大连中山区长江路123号大连日航酒店4层清苑厅		BIC-010		¥ 29.00	
2021年2月2日	谢音秋	四川省成都市城市名人酒店		BIC-003		¥ 500.00	
2021年2月3日	王崇江	山西省大同市南城瑷永泰西门		BIC-004		¥ 458.70	
2021年2月4日	关天胜	浙江省杭州市西湖区北山路78号香格里拉饭店东楼1栋555号		BIC-005		¥ 532.60	
2021年2月5日	唐雅林	浙江省杭州市西湖区紫金港路21号		BIC-006		¥ 606.50	
2021年2月6日	钱顺卓	北京市西城区阜成门外大街29号		BIC-007		¥ 680.40	
2021年2月7日	刘长辉	福建省厦门市软件园二期观日路44号9楼		BIC-005		¥ 754.30	
2021年2月8日	李晓梅	广东省广州市天河区黄埔大道666号		BIC-006		¥ 828.20	
2021年2月9日	方文成	广东省广州市天河区林和西路1号广州国际贸易中心42层		BIC-007		¥ 902.10	

图 2-16　捷安物流公司差旅费记录表

	A	B
1	费用类别对照表	
2	类别编号	费用类别
3	BIC-003	餐饮费
4	BIC-004	出租车费
5	BIC-001	飞机票
6	BIC-006	高速道桥费
7	BIC-005	火车票
8	BIC-002	酒店住宿
9	BIC-010	其他
10	BIC-007	燃油费
11	BIC-008	停车费
12	BIC-009	通信补助

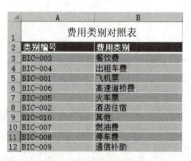

图 2-17　费用类别表

任务 3　编辑公式应用

任务目的

1. 掌握复杂公式的编辑技巧。
2. 掌握运算符的使用。
3. 掌握绝对引用、相对引用和混合引用的概念和用法。

工作任务

用编辑公式的方法快速设计一个如图 2-18 所示的九九乘法表。

	A	B	C	D	E	F	G	H	I	J	K
1			乘数2								
2			1	2	3	4	5	6	7	8	9
3	乘数1	1	1×1=1								
4		2	2×1=2	2×2=4							
5		3	3×1=3	3×2=6	3×3=9						
6		4	4×1=4	4×2=8	4×3=12	4×4=16					
7		5	5×1=5	5×2=10	5×3=15	5×4=20	5×5=25				
8		6	6×1=6	6×2=12	6×3=18	6×4=24	6×5=30	6×6=36			
9		7	7×1=7	7×2=14	7×3=21	7×4=28	7×5=35	7×6=42	7×7=49		
10		8	8×1=8	8×2=16	8×3=24	8×4=32	8×5=40	8×6=48	8×7=56	8×8=64	
11		9	9×1=9	9×2=18	9×3=27	9×4=36	9×5=45	9×6=54	9×7=63	9×8=72	9×9=81

图 2-18　九九乘法表

知识链接

Excel 公式是对 Excel 工作表中的值进行计算的等式。在 Excel 中可以使用常量和算术运算符创建简单的公式，也可以和函数共同构成复杂的公式，完成各种复杂的计算。

1. Excel 中的运算符

Excel 中的运算符可以分为算数运算符、文本运算符、比较运算符、引用运算符四类，常用的运算符如表 2-2 所示。

表 2-2 Excel 中常用运算符

类型	运算符	含义	举例（假设 A1=2，A3=4）	备注
算符运算符	+	加号	=A1+A3	结果为：6
	−	减号	=A1−A3	结果为：−2
	*	乘号	=A1*A3	结果为：8
	/	除号	=A1/A3	结果为：0.5
	^	乘幂	=A1^A3	结果为：16
文本运算符	&	将两个字符串连接为一个新字符串	="AB"&"CD"	结果为：ABCD
比较运算符	=	等于	=A1=A3	结果为：False
	<>	不等于	=A1<>A3	结果为：True
	>	大于	=A1>A3	结果为：False
	<	小于	=A1<A3	结果为：True
	>=	大于等于	=A1>=A3	结果为：False
	<=	小于等于	=A1<=A3	结果为：True
引用运算符	:	区域运算符	=SUM(B3:C7)	冒号两端两个单元格形成的连续矩形区域求和
	,	联合运算符	=SUM(B3,C7)	逗号前后两个单元格求和
	（空格）	交叉运算符	=SUM(A2:B6 B2:C6)	空格前后两个单元格区域共同的单元格求和

2. 单元格地址的引用方式

Excel 公式中单元格地址的引用方式包括相对引用、绝对引用和混合引用三种，三种方式切换的快捷键为 **F4**。

相对引用：形如 B2，在引用公式时，单元格的行号和列标都会相应发生改变。

绝对引用：形如 $B$2，在引用公式时，单元格的行号和列标都固定不变。

混合引用：形如 $B1、B$1，在引用公式时，只有行号或列标的一个参数发生改变。

◯ 任务实施

九九乘法表的制作

1. 设计九九乘法表框架

在 Excel 中编辑如图 2-19 所示的表格框架。

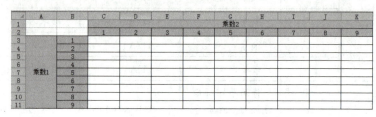

图 2-19　九九乘法表框架

2. 输入第一个表达式

单击 C3 单元格，输入公式"=B3&"×"&C2&"="&B3*C2"，回车后即可产生表达式"1×1=1"。

> **思考与点拨：**
>
> 公式"=B3&"×"&C2&"="&B3*C2"该如何理解？
>
> B3 为第一个乘数；"×"为表示乘法运算的字符串，会原样展现到公式运行结果中，并未实际进行乘法运算；C2 为第二个乘数；B3*C2 表示两个乘数相乘；& 为连接运算符，其作用是多个字符串连接为一个字符串。建议分段输入本公式并回车查看效果有助于理解。

3. 使用混合引用

分别向下和向右拖动 C3 单元格右下角的填充句柄，发现公式不能直接正确引用到其他单元格，还需要修改公式。

双击 C3 单元格，对公式进行修改，因为向右拖动填充句柄时第一个乘数始终应该引用 B 列的数字，而向下拖动填充句柄时第二个乘数始终应该引用第 2 行的数字，所以需要将第 B 列和第 2 行锁定，添加绝对引用符号"$"，不让其发生变化，将公式修改为"=$B3&"×"&C$2&"="&$B3*C$2"，再次回车确认。

4．引用公式

拖动 C3 单元格右下角的填充句柄至 K3，产生第一行表达式，选中 C3:K3 单元格区域，拖动单元格区域的填充句柄至 K11，产生所有表达式，如图 2–20 所示。

	A	B	C	D	E	F	G	H	I	J	K
1			乘数2								
2			1	2	3	4	5	6	7	8	9
3	乘数1	1	1×1=1	1×2=2	1×3=3	1×4=4	1×5=5	1×6=6	1×7=7	1×8=8	1×9=9
4		2	2×1=2	2×2=4	2×3=6	2×4=8	2×5=10	2×6=12	2×7=14	2×8=16	2×9=18
5		3	3×1=3	3×2=6	3×3=9	3×4=12	3×5=15	3×6=18	3×7=21	3×8=24	3×9=27
6		4	4×1=4	4×2=8	4×3=12	4×4=16	4×5=20	4×6=24	4×7=28	4×8=32	4×9=36
7		5	5×1=5	5×2=10	5×3=15	5×4=20	5×5=25	5×6=30	5×7=35	5×8=40	5×9=45
8		6	6×1=6	6×2=12	6×3=18	6×4=24	6×5=30	6×6=36	6×7=42	6×8=48	6×9=54
9		7	7×1=7	7×2=14	7×3=21	7×4=28	7×5=35	7×6=42	7×7=49	7×8=56	7×9=63
10		8	8×1=8	8×2=16	8×3=24	8×4=32	8×5=40	8×6=48	8×7=56	8×8=64	8×9=72
11		9	9×1=9	9×2=18	9×3=27	9×4=36	9×5=45	9×6=54	9×7=63	9×8=72	9×9=81

图 2–20　九九乘法表

5．去除重复的表达式

双击 C3 单元格，在原有公式基础上加入 IF 函数进行判断，将其公式修改为“IF($B3<C$2,"",$B3&"×"&C$2&"="&$B3*C$2)”，回车确认。拖动 C3 单元格右下角的填充句柄至 K3，产生第一行表达式，选中 C3:K3 单元格区域，拖动单元格区域的填充句柄至 K11，产生所有表达式。此时可以发现，原来的重复表达式被去除，效果如图 2–21 所示。

	A	B	C	D	E	F	G	H	I	J	K
1			乘数2								
2			1	2	3	4	5	6	7	8	9
3	乘数1	1	1×1=1								
4		2	2×1=2	2×2=4							
5		3	3×1=3	3×2=6	3×3=9						
6		4	4×1=4	4×2=8	4×3=12	4×4=16					
7		5	5×1=5	5×2=10	5×3=15	5×4=20	5×5=25				
8		6	6×1=6	6×2=12	6×3=18	6×4=24	6×5=30	6×6=36			
9		7	7×1=7	7×2=14	7×3=21	7×4=28	7×5=35	7×6=42	7×7=49		
10		8	8×1=8	8×2=16	8×3=24	8×4=32	8×5=40	8×6=48	8×7=56	8×8=64	
11		9	9×1=9	9×2=18	9×3=27	9×4=36	9×5=45	9×6=54	9×7=63	9×8=72	9×9=81

图 2–21　去除重复表达式后的九九乘法表

思考与点拨：

公式“=IF($B3<C$2,"",$B3&"×"&C$2&"="&$B3*C$2)”如何理解？

B3 表示第一个乘数，C2 表示第二个乘数，此公式首先判断第一个乘数是否小于第二个乘数，如果成立则返回第二个参数（"" 表示空值），否则返回第三个参数所列的算式。

任务小结

手动编辑公式能够灵活完成各种计算要求，使用公式就必须熟练掌握运算符的使用，并且要注意多个运算符同时出现时的运算优先级问题，可以通过括号的使用来改变运算优先级。公式引用时需要注意 Excel 中的三种引用方式，只有正确使用引用方式才能快速实现公式的引用和计算。对于较为复杂的公式，不要一次性写完，最好是分段书写，每一段执行无误后再输入下一段，这样方便公式调试。

实践训练

1. 复利终值计算

请在 Excel 中制作如图 2-22 所示的表格。已知向银行存入本金 100，现要求通过编辑公式快速计算出在不同年存款利率情况下，每年可以从银行取出的金额，按复利计算。复利终值的计算公式为 $F=P(1+i)^n$，其中 F 为复利终值，P 为本金，i 为年利率，n 为年数。

	A	B	C	D	E	F	G	H
1								
2		本金	年利率					
3		100	5%	6%	7%	8%	9%	10%
4	年数	1						
5		2						
6		3						
7		4						
8		5						
9		6						
10		7						
11		8						
12		9						
13		10						

图 2-22　复利终值计算初始表格

2. 身份证信息分析

请制作如图 2-23 所示表格（身份证号为虚构），并通过运用函数和编辑公式计算出每个员工的出生日期、年龄和性别。其中出生日期要求年月日之间用“/”分隔，性别用“男”或“女”表示，年龄按周岁计算。

	A	B	C	D	E
1	员工姓名	身份证号	出生日期	年龄	性别
2	江雨薇	360102198305230088			
3	郝思嘉	330226198503280033			
4	林晓彤	360402198211040020			
5	曾云儿	452522198609255866			
6	邱月清	13282919870401245X			
7	沈沉	142224198402150989			
8	蔡小蓓	130223198009056113			

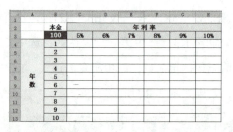

图 2-23　身份证信息分析

思考与点拨：

1. 我国身份证号码的编码结构是怎样的？

我国公民的 18 位身份证号码中，1 ～ 6 位表示籍贯、7 ～ 14 位表示出生年月日，年用四位数表示，月和日都用两位数字表示，15 ～ 17 位是顺序码，其中第 17 位奇数表示男性，偶数表示女性，第 18 位是校验位。

2. 身份证信息分析的思路是怎样的？

综合使用连接运算符 &、文本函数 MID、求余函数 MOD、条件判断函数 IF、日期差值函数 DATEDIF、当前日期函数 TODAY 等可完成身份证号码分析。

3. 身份证信息分析的实际意义在哪里？

身份证号码包括丰富的信息，在采集数据时，只要采集了身份证号码就不用再采集出生年月、年龄、性别甚至籍贯等信息，通过公式自动计算还可防止出错；与身份证号码类似，我国的商品条码 EAN-13 也采用了结构化编码，可采用类似方法分析条码编码中的厂商识别代码、商品项目代码等信息。

任务 4　数组公式应用

任务目的

1. 掌握数组公式的概念。
2. 掌握单元格区域命名的方法。
3. 掌握数组公式的输入方法。
4. 掌握条件极值的统计方法。

工作任务

如图 2-24 所示是某物流企业配送员满意度测评数据清单，这些配送员分别归属于不同城市中的不同配送站，为方便进行考核，现需要分别按城市和按配送站两个维度统计配送员人数、最高得分、最低得分和平均分。

	A	B	C	D
1	城市	配送站编号	配送员编号	评分
2	成都	1	35261501256	77
3	成都	1	35261501289	79
4	成都	1	35261501122	80
5	成都	1	35261501223	82
6	成都	1	35261501054	85
7	成都	1	35261501076	85
8	成都	1	35261501098	85
9	成都	1	35261501032	86
10	成都	1	35261501267	87
11	成都	1	35261501290	87
12	成都	1	35261501313	87
13	成都	1	35261501335	87
14	成都	1	35261501100	88
15	成都	1	35261501166	88
16	成都	1	35261501010	90
17	成都	1	35261501212	90
18	成都	1	35261501302	90
19	成都	1	35261501087	91
20	成都	1	35261501234	91
21	成都	1	35261501043	92
22	成都	1	35261501144	92
23	成都	1	35261501155	92
24	成都	1	35261501245	93
25	成都	1	35261501346	93
26	成都	2	35261502011	72
27	成都	2	35261502279	73
28	成都	2	35261502055	76
29	成都	2	35261502213	77
30	成都	2	35261502099	81

图 2-24　配送员满意度测评数据清单

知识链接

1. 数组公式

数组公式，就是以数组为参数的公式。数组公式能对一组或多组值执行多重计算，并返回一个或多个结果。普通公式与数组公式的区别在于：普通公式往往是输入一个值输出一个值，或者同时输入多个值，输出一个值；而数组公式可以同时输入多个值，计算之后输出一个值或者多个值，输出的多个值可以分别放在不同的单元格中。在 Excel 中数组公式的显示是用大括号"{ }"括起来的，由于输入数组公式时需要按 <Ctrl+Shift+Enter> 键，所以也被称为"CSE"公式。

2. COUNTIF 函数

【格式】=COUNTIF (条件判断区域 , 条件)。

【作用】统计指定区域中满足指定条件的单元格个数，可简记为"单条件计数"。

3. COUNTIFS 函数

【格式】=COUNTIFS(条件判断区域 1, 条件 1, 条件判断区域 2, 条件 2, 条件判断区域 3, 条件 3,…)。

【作用】统计满足多个指定条件的单元格个数，可简记为"多条件计数"，比 COUNTIF 功能更为强大。

4. AVERAGEIF 函数

【格式】=AVERAGEIF (条件判断区域 , 判断条件 , 求平均值区域)。

【作用】统计满足指定条件的单元格的算数平均值，可简记为"单条件平均"。

5. AVERAGEIFS 函数

【格式】=AVERAGEIFS (求平均值区域 , 条件判断区域 1, 判断条件 1, 条件判断区域 2, 判断条件 2,…)。

【作用】统计满足多个指定条件的单元格的算数平均值，可以包括多组条件，可简记为"多条件平均"。

任务实施

1. 单元格区域命名

为简化公式输入,避免在公式中反复出现单元格地址,这里对单元格区域进行命名,以便在公式引用中用名称来代替单元格地址。单击 A 列列标选中 A 列,在名称框中输入"cs"后回车,如图 2-25 所示。按照此方法分别将 B 列命名为"pszbh",C 列命名为"psybh",D 列命名为"pf"。

数组公式应用

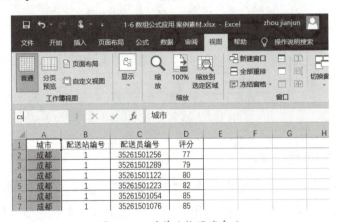

图 2-25 对单元格区域命名

> **思考与点拨:**
> 这里为什么直接选中整个 A 列、B 列、C 列、D 列?
> 因为这是一个标准的数据清单,直接选列标而不是选中具体单元格区域,有两个好处:一是数据清单较长,选择具体区域不便;二是方便数据清单中数据增加后,公式计算也不受影响。缺点是这样做会大大增加计算机的运算量,导致公式执行速度降低。

2. 新建"按城市统计"工作表

新增一个工作表,并将工作表标签命名为"按城市统计",然后在工作表中输入"城市""配送员人数""最高分""最低分""平均分"等内容,如图 2-26 所示。

3. 按城市统计配送员人数

按城市统计配送员人数属于单条件计数问题,需要使用 COUNTIF 函数。单击"按城市统计"工作表的 B2 单元格,输入公式"=COUNTIF(cs,A2)",

回车后即可统计出第一个城市的配送员人数。拖动 B2 单元格的填充句柄至 B5，完成各城市配送员人数统计，如图 2-27 所示。

图 2-26　设计"按城市统计"工作表

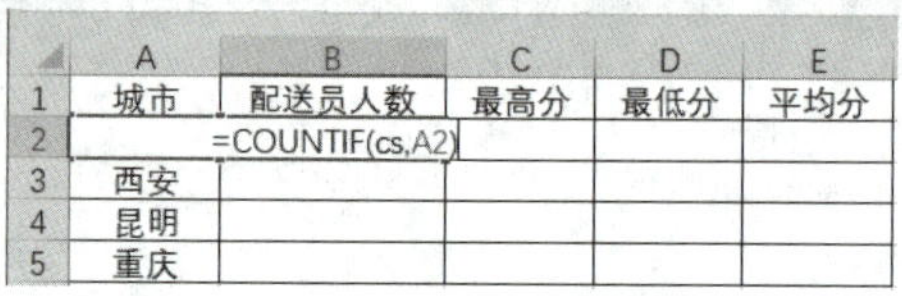

图 2-27　按城市统计配送员人数

4. 按城市统计最高分

按城市统计最高分属于特定条件下求极值（最大值）问题，需要通过数组公式实现。单击"按城市统计"工作表的 C2 单元格，输入公式"=MAX(IF(cs=A2,pf,""))"，按 <Ctrl+Shift+Enter> 键完成公式输入，输入后出现大括号，说明这是一个数组公式，如图 2-28 所示。向下拖动 C2 单元格填充句柄至 C5 即可完成各个城市最高分的统计。

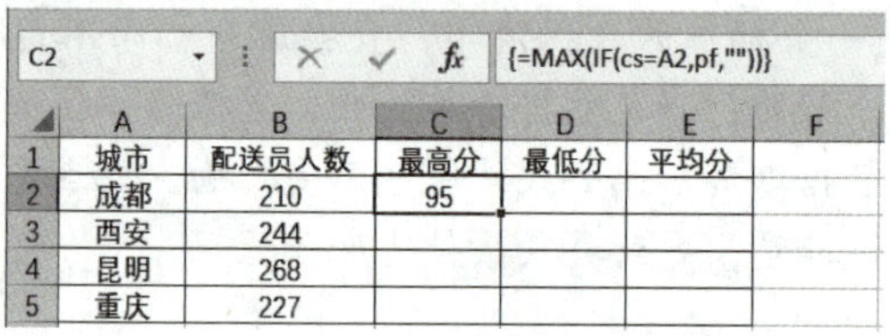

图 2-28　按城市统计最高分

思考与点拨：

1. 公式"=MAX(IF(cs=A2,pf,""))"中的 "" 有什么用？

公式中的空引号表示当 IF 函数的判断条件不成立时，返回空值，此处即城市不满足条件时，放弃相应的分数。

2. 数组公式的大括号可以手动输入吗？

数组公式的大括号不能手动输入，只能按 <Ctrl+Shift+Enter> 键产生。

5．按城市统计最低分

按城市统计最低分属于特定条件下求极值（最小值）问题，需要通过数组公式实现。单击“按城市统计”工作表的 D2 单元格，输入公式“=MIN(IF(cs=A2,pf,""))”，按 <Ctrl+Shift+Enter> 键完成公式输入，输入后出现大括号，说明这是一个数组公式，如图 2-29 所示。向下拖动 D2 单元格填充句柄至 D5 即可完成各个城市最低分的统计。

D2　{=MIN(IF(cs=A2,pf,""))}

	A	B	C	D	E	F
1	城市	配送员人数	最高分	最低分	平均分	
2	成都	210	95	29		
3	西安	244	92	14		
4	昆明	268	91	14		
5	重庆	227	93	36		

图 2-29　按城市统计最低分

6．按城市统计平均分

单击“按城市统计”工作表的 E2 单元格，输入公式“=AVERAGE(IF(cs=A2,pf,""))”，按 <Ctrl+Shift+Enter> 键完成公式输入，输入后出现大括号，说明这是一个数组公式。向下拖动填充句柄至 E5，完成所有城市的平均分统计，如图 2-30 所示。

E2　{=AVERAGE(IF(cs=A2,pf,""))}

	A	B	C	D	E	F
1	城市	配送员人数	最高分	最低分	平均分	
2	成都	210	95	29	69.4	
3	西安	244	92	14	64.9	
4	昆明	268	91	14	58.4	
5	重庆	227	93	36	72.0	

图 2-30　用数组公式按城市统计平均分

由于 Excel 内置有 AVERAGEIF 函数，所以本步骤也可以不采用数组公式，直接在 E2 单元格中输入公式“=AVERAGEIF(cs,A2,pf)”，回车即可统计出平均分，如图 2-31 所示。

E2　=AVERAGEIF(cs,A2,pf)

	A	B	C	D	E
1	城市	配送员人数	最高分	最低分	平均分
2	成都	210	95	29	69.4
3	西安	244	92	14	64.9
4	昆明	268	91	14	58.4
5	重庆	227	93	36	72.0

图 2-31　用普通公式按城市统计平均分

7．新建“按配送站统计”工作表

新建一个名为“按配送站统计”的工作表，输入如图 2-32 所示的数据。

	A	B	C	D	E	F
1	城市	配送站编号	配送员人数	最高分	最低分	平均分
2	成都	1				
3	成都	2				
4	成都	3				
5	成都	4				
6	成都	5				
7	成都	6				
8	成都	7				
9	成都	8				
10	西安	1				
11	西安	2				
12	西安	3				
13	西安	4				
14	西安	5				
15	西安	6				
16	西安	7				
17	西安	8				
18	西安	9				
19	重庆	1				
20	重庆	2				
21	重庆	3				
22	重庆	4				
23	重庆	5				
24	重庆	6				
25	重庆	7				
26	昆明	1				
27	昆明	2				
28	昆明	3				
29	昆明	4				
30	昆明	5				
31	昆明	6				
32	昆明	7				
33	昆明	8				

图 2-32　设计“按配送站统计”工作表

8．按配送站统计配送员人数

按配送站统计配送员人数时，由于需要同时考虑城市和配送站两个过滤条件，属于多条件计数问题，可采用 COUNTIFS 函数，单击“按配送站统计”工作表的 C2 单元格，输入公式“=COUNTIFS(cs,A2,pszbh,B2)”，回车并向下拖动填充句柄至最后一行，即可完成每一个配送站配送员人数统计，如图 2-33 所示。

C2　=COUNTIFS(cs,A2,pszbh,B2)

	A	B	C	D	E	F
1	城市	配送站编号	配送员人数	最高分	最低分	平均分
2	成都	1	24			
3	成都	2	28			
4	成都	3	29			
5	成都	4	29			
6	成都	5	28			
7	成都	6	26			
8	成都	7	24			

图 2-33　按配送站统计配送员人数

9．按配送站统计最高分

按配送站统计最高分，需要使用 MAX 和 IF 函数嵌套的数组公式来实现，同时由于要考虑城市和配送站编号两个过滤条件，可以采用两个条件相乘的形式。单击"按配送站统计"工作表的 D2 单元格，输入公式"=MAX(IF((cs=A2)*(pszbh=B2),pf,""))"，按 <Ctrl+Shift+Enter> 键完成数组公式输入，向下拖动填充句柄至最后一行，完成各配送站最高分统计，如图 2-34 所示。

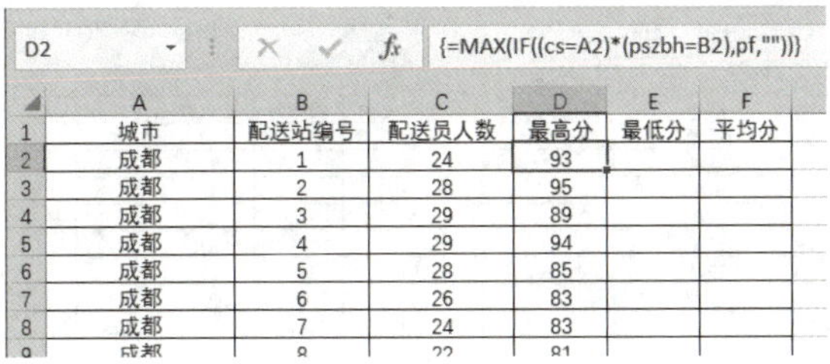

图 2-34　按配送站统计最高分

10．按配送站统计最低分

按配送站统计最低分，需要使用 MIN 和 IF 函数嵌套的数组公式来实现，同时由于要考虑城市和配送站编号两个过滤条件，可以采用两个条件相乘的形式。单击"按配送站统计"工作表的 E2 单元格，输入公式"=MIN(IF((cs=A2)*(pszbh=B2),pf,""))"，按 <Ctrl+Shift+Enter> 键完成数组公式输入，向下拖动填充句柄至最后一行，完成各配送站最低分统计，如图 2-35 所示。

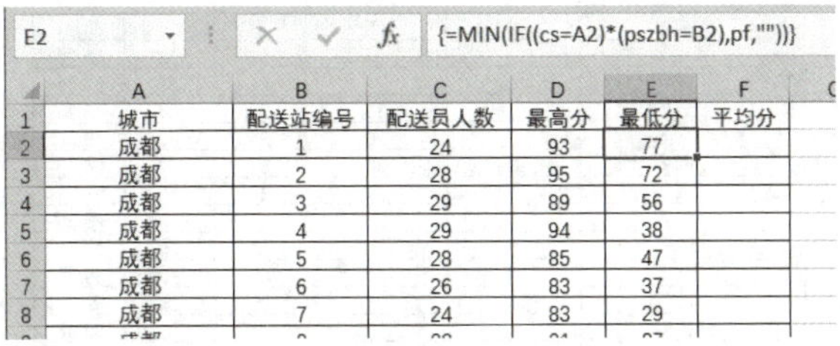

图 2-35　按配送站统计最低分

> **思考与点拨：**
> IF 函数中如何表示多个条件同时满足？
> 可以在 IF 函数的第一个参数位置写成多个条件相乘的形式，例如"=IF((条件表达式 1)*(条件表达式 2)*...*(条件表达式 n)，A，B)"表示只有当所有条件表达式都成立时才返回 A，否则返回 B。

11．按配送站统计平均分

按城市统计平均分需要考虑城市和配送站编号两个过滤条件，可以使用 AVERAGE 和 IF 函数嵌套的数组公式来计算。单击"按配送站统计"工作表的 F2 单元格，输入公式“=AVERAGE(IF((cs=A2)*(pszbh=B2),pf,""))”，按 <Ctrl+Shift+Enter> 键完成数组公式输入，向下拖动填充句柄至最后一行，完成各配送站平均分统计，如图 2-36 所示。

F2 {=AVERAGE(IF((cs=A2)*(pszbh=B2),pf,""))}

	A	B	C	D	E	F	G
1	城市	配送站编号	配送员人数	最高分	最低分	平均分	
2	成都	1	24	93	77	87.38	
3	成都	2	28	95	72	85.68	
4	成都	3	29	89	56	72.38	
5	成都	4	29	94	38	62.62	
6	成都	5	28	85	47	67.43	
7	成都	6	26	83	37	60.81	
8	成都	7	24	83	29	62.21	
9	成都	8	22	81	37	54.59	

图 2-36　用数组公式按配送站统计平均分

本步骤也可以采用 Excel 内置的 AVERAGEIFS 函数来计算，在 F2 单元格中输入公式“=AVERAGEIFS(pf,cs,A2,pszbh,B2)”，回车并向下拖动填充句柄至最后一行，完成各配送站平均分统计，如图 2-37 所示。

F2 =AVERAGEIFS(pf,cs,A2,pszbh,B2)

	A	B	C	D	E	F
1	城市	配送站编号	配送员人数	最高分	最低分	平均分
2	成都	1	24	93	77	87.38
3	成都	2	28	95	72	85.68
4	成都	3	29	89	56	72.38
5	成都	4	29	94	38	62.62
6	成都	5	28	85	47	67.43
7	成都	6	26	83	37	60.81
8	成都	7	24	83	29	62.21
9	成都	8	22	81	37	54.59
10	西安	1	31	92	64	78.94
11	西安	2	28	86	60	78.57
12	西安	3	31	82	22	54.10
13	西安	4	27	86	46	68.63
14	西安	5	25	80	29	65.96
15	西安	6	25	85	21	64.84
16	西安	7	29	85	19	59.79
17	西安	8	25	80	14	59.20
18	西安	9	23	71	31	50.87
19	重庆	1	36	89	63	78.36
20	重庆	2	36	93	64	84.94
21	重庆	3	37	83	54	70.84
22	重庆	4	38	92	43	68.71
23	重庆	5	37	88	46	73.49
24	重庆	6	25	87	39	62.72
25	重庆	7	18	83	36	53.17
26	昆明	1	32	66	28	45.47
27	昆明	2	31	76	25	44.81
28	昆明	3	40	87	38	69.90
29	昆明	4	33	91	37	57.39
30	昆明	5	32	87	34	62.84
31	昆明	6	34	84	37	62.09
32	昆明	7	33	84	14	58.09
33	昆明	8	33	85	14	63.00

图 2-37　用普通公式按配送站统计平均分

任务小结

本任务主要涉及对数据清单的统计工作。对于单条件统计下的计数可使用

COUNTIF 函数，求算数平均值可采用 AVERAGEIF 函数；对多条件下的计数可采用 COUNTIFS 函数，求算数平均值可采用 AVERAGEIFS 函数。求指定条件下的最大值或最小值问题可使用 MAX 或 MIN 与 IF 函数嵌套的数组公式来实现，数组公式输入完成后必须通过"Ctrl+Shift+Enter"来确认，数组公式显示时有"{ }"标注，且"{ }"不能通过手动输入生效。值得注意的是，Excel 中除有条件计数、条件平均函数外，在 Excel2019 以及 Office365 版本中还有条件极值 MAXIF、MAXIFS（条件最大）函数和 MINIF、MINIFS（条件最小）函数，从而避免使用复杂的数组公式，但这之前的版本仍需通过数组公式来计算。

实践训练

现有如图 2-38 所示的某企业员工工资数据清单，请综合使用条件计数、数组公式等完成以下统计任务，并将统计结果填入素材文件相应的工作表中。

1. 统计各个部门的人数。
2. 统计各部门男女员工人数。
3. 统计各个部门奖金的最高值。
4. 统计各部门男女员工奖金的最低值。

员工编	所在部	性别	基本工	奖金	车费补	请假扣
1001	人事部	男	¥3,000	¥250	¥120	¥20
1002	行政部	女	¥2,000	¥300	¥120	¥23
1003	财务部	男	¥2,500	¥360	¥0	¥14
1004	销售部	男	¥2,000	¥450	¥120	¥8
1005	业务部	女	¥3,000	¥120	¥0	¥9
1006	人事部	男	¥1,900	¥180	¥50	¥50
1007	行政部	男	¥2,000	¥300	¥120	¥36
1008	财务部	女	¥3,000	¥360	¥120	¥40
1009	销售部	男	¥2,500	¥450	¥120	¥60
1010	业务部	男	¥2,200	¥120	¥120	¥25
1011	财务部	女	¥2,000	¥340	¥0	¥26
1012	销售部	男	¥3,000	¥300	¥120	¥39
1013	业务部	男	¥2,500	¥360	¥0	¥48
1014	人事部	女	¥3,000	¥450	¥120	¥52
1015	行政部	男	¥2,000	¥120	¥120	¥16
1016	财务部	男	¥3,000	¥340	¥120	¥54
1017	销售部	女	¥2,000	¥360	¥120	¥16
1018	业务部	男	¥2,500	¥450	¥120	¥49
1019	人事部	男	¥3,000	¥120	¥120	¥20
1020	行政部	女	¥2,000	¥300	¥120	¥23
1021	财务部	男	¥2,500	¥360	¥0	¥14
1022	销售部	男	¥2,000	¥450	¥120	¥8
1023	业务部	女	¥3,000	¥120	¥0	¥9
1024	人事部	男	¥1,900	¥180	¥50	¥50
1025	行政部	男	¥2,000	¥300	¥120	¥36
1026	财务部	女	¥3,000	¥360	¥120	¥40
1027	销售部	男	¥2,500	¥450	¥120	¥60

图 2-38 某企业员工工资数据清单

项目 3
数据管理与查询

任务 1　数据管理分析

任务目的

1. 掌握数据清单的概念。
2. 掌握数据排序和筛选的操作。
3. 掌握数据分类汇总的操作。
4. 掌握合并计算的操作。

工作任务

打开素材文件，查看如图 3-1 所示的初始数据清单，并按要求完成排序、筛选、分类汇总、合并计算等操作。

	A	B	C	D	E	F	G
1	序号	姓 名	部 门	分公司	工作时数	小时报酬	薪水
2	1	杜永宁	软件部	南京	160	36	5760
3	2	王传华	销售部	西安	140	28	3920
4	3	殷 泳	培训部	西安	140	21	2940
5	4	杨柳青	软件部	南京	160	34	5440
6	5	段 楠	软件部	北京	140	31	4340
7	6	刘朝阳	销售部	西安	140	23	3220
8	7	王 雷	培训部	南京	140	28	3920
9	8	楮彤彤	软件部	南京	160	42	6720
10	9	陈勇强	销售部	北京	140	28	3920
11	10	朱小梅	培训部	西安	140	21	2940
12	11	于 洋	销售部	西安	140	23	3220
13	12	赵玲玲	软件部	西安	160	25	4000
14	13	冯 刚	软件部	南京	160	45	7200
15	14	郑 丽	软件部	北京	160	30	4800
16	15	孟晓姗	软件部	西安	160	28	4480
17	16	杨子健	销售部	南京	140	41	5740
18	17	廖 东	培训部	天津	140	21	2940
19	18	臧天欣	销售部	天津	140	20	2800
20	19	施 敏	软件部	南京	160	39	6240
21	20	明章静	软件部	北京	160	33	5280

图 3-1　初始数据清单

知识链接

Excel 具有强大的数据管理与分析功能，常用操作包括数据排序、数据筛选、分类汇总、合并计算以及数据透视表等，这些操作都是基于 Excel 数据清单来实现的。

1．数据清单的概念

数据清单是一种包含一行列标题和多行数据且同列数据的类型和格式完全相同的 Excel 工作表，构建数据清单时要遵循以下原则：

① 列标志应位于数据清单的第一行，用以查找和组织数据、创建报表。

② 同一列中数据项的类型和格式应当完全相同。

③ 避免在数据清单中间放置空白的行或列，但需将数据清单和其他数据隔开时，应在它们之间留出至少一个空白的行或列。

④ 不得在数据清单内出现任何合并单元格。

⑤ 尽量在一张工作表上建立一个数据清单。

2．Excel 中常用数据管理功能

数据排序：该功能是指在不影响数据内容的前提下，改变数据的顺序，以将关注的数据以显眼的方式进行显示。

数据筛选：该功能是指在指定列上设置过滤条件，将不满足过滤条件的数据进行隐藏，只显示满足条件的数据的操作，可以让用户更聚焦要关注的数据。

分类汇总：该功能是指将数据按照特定的分类依据（例如按部门、按性别等）将数据分为多个子集，再对每个子集进行统计计算的操作。

合并计算：该功能是指按照项目的匹配，对同类数据进行汇总，汇总的方式包括求和、计数、平均值、最大值、最小值等。

任务实施

1．数据排序

（1）简单排序：按薪水降序排序

简单排序是指以单列为排序依据进行排序。复制"员工薪水"工作表，在 G 列的任意位置单击，然后单击"数据"选项卡下的"降序"按钮 ，即可

完成排序。注意：如果某些工作表最后还存在"合计"或者"平均值"等行，在排序之前必须先选中排序区域 A1:G21，避免"合计"等行参与排序。

将排序后的工作表重命名为"简单排序"。

（2）多关键字排序：优先按部门升序，再按薪水降序排序

重新复制"员工薪水"工作表，选择 A1:G21 单元格区域，单击"数据|排序和筛选"组的"排序"命令，在弹出的"排序"对话框中，设置排序依据的列和次序，如图 3-2 所示，排序后的效果如图 3-3 所示。将排序后的工作表重命名为"多关键字排序"。

图 3-2　排序设置

	A	B	C	D	E	F	G
1	序号	姓名	部门	分公司	工作时数	小时报酬	薪水
2	7	王雷	培训部	南京	140	28	3920
3	3	殷泳	培训部	西安	140	21	2940
4	10	朱小梅	培训部	西安	140	21	2940
5	17	廖东	培训部	天津	140	21	2940
6	13	冯刚	软件部	南京	160	45	7200
7	8	褚彤彤	软件部	南京	160	42	6720
8	19	施敏	软件部	南京	160	39	6240
9	1	杜永宁	软件部	南京	160	36	5760
10	4	杨柳青	软件部	南京	160	34	5440
11	20	明章静	软件部	北京	160	33	5280
12	14	郑丽	软件部	北京	160	30	4800
13	15	孟晓姗	软件部	西安	160	28	4480
14	5	段楠	软件部	北京	140	31	4340
15	12	赵玲玲	软件部	西安	160	25	4000
16	16	杨子健	销售部	南京	140	41	5740
17	2	王传华	销售部	西安	140	28	3920
18	9	陈勇强	销售部	北京	140	28	3920
19	6	刘朝阳	销售部	西安	140	23	3220
20	11	于洋	销售部	西安	140	23	3220
21	18	臧天歆	销售部	天津	140	20	2800

图 3-3　排序后的效果图

2. 数据筛选

数据筛选是指仅显示需要关注的数据，不需要关注的数据隐藏起来。筛选的关键在于定义筛选条件。

数据筛选

（1）按选定单元格进行筛选：筛选出北京分公司的数据行

重新复制"员工薪水"工作表，右击 D 列中任意一个值为"北京"的单元格，在弹出的快捷菜单中选择"筛选"，在子菜单中选择"按所选单元格的值筛选"，即可完成筛选。

取消筛选：单击"数据"选项卡下的"筛选"按钮，即可取消筛选，数据恢复到全部显示的初始状态。

（2）多条件简单筛选：筛选出在北京分公司软件部工作且薪水高于 5 000 元的员工

选择 A1:G21 单元格，单击"数据"选项卡下的"筛选"，此时列标题出现下拉箭头，单击"部门"下拉组合框，勾选"软件部"；单击"分公司"下拉组合框，勾选"北京"；单击"薪水"下拉组合框，选择"数字筛选"中"自定义筛选"，在弹出的对话框中输入"大于或等于"和"5 000"，如图 3-4 所示。筛选后的效果如图 3-5 所示，将筛选后的工作表重命名为"多条件简单筛选"。

图 3-4　自定义自动筛选方式

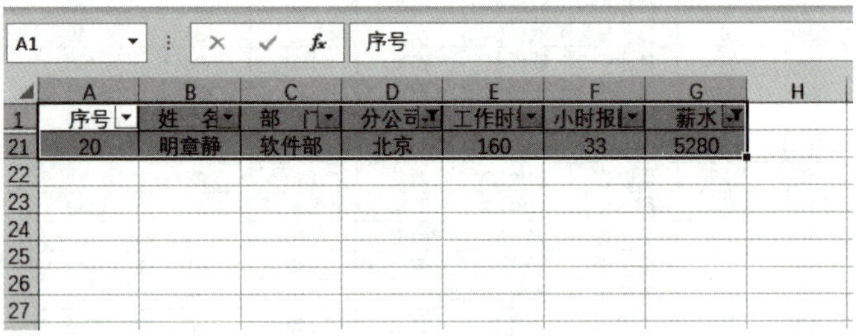

图 3-5　筛选后的效果图

（3）高级筛选：筛选出小时报酬在 35 元以上或者薪水在 5 000 元以上的员工

高级筛选主要解决简单筛选无法实现的情况，例如条件涉及多列，但是条件之间用"或"连接，即求并集的情况。简单筛选中先后在多列上设置筛选条件，实质上是求交集，解决的是多个条件之间用"且"连接的问题。

高级筛选必须首先编辑筛选条件。重新复制"员工薪水"工作表，选中数据列表下方的任意单元格，开始编辑筛选条件，例如在 A23:B25 单元格区域中，编辑如图 3-6 所示的筛选条件。注意：由于本题两个条件是"或"连接，实质是求两个条件的并集，故两个条件错行放置，如果是"且"连接，其实质是求两个条件的交集，则需要放在同行。

图 3-6 高级筛选条件定义

单击"数据"选项卡下"排序和筛选"组中的"高级"按钮，弹出"高级筛选"对话框，将筛选"方式"设置为"将筛选结果复制到其他位置"（因为高级筛选无法还原，防止丢失原始数据），"列表区域"输入 A1:G21 单元格区域，"条件区域"输入 A23:B25 单元格区域，"复制到"输入 A27，表示从 A27 单元格开始显示筛选结果，单击"确定"进行筛选，筛选结果如图 3-7 所示，将筛选后的工作表重命名为"高级筛选"。

图 3-7 高级筛选结果

思考与点拨：

高级筛选的条件区域如何编辑？

高级筛选的条件区域中同行条件表示条件之间是"且"的关系，需要两个条件同时满足；不同行条件之间是"或"的关系，只满足一个条件即可。

3. 分类汇总

（1）按部门统计"工作时数"和"薪水"的平均值

重新复制"员工薪水"工作表，选择 A1:G21 单元格，单击"数据|排序

和筛选"菜单的"排序"命令，设置部门按照升序排序（降序也可）。注意：分类汇总之前都需要对分类依据的列进行排序，其目的是将相同值的行集中到一起。

选择 A1:G21 单元格，单击"数据|分级显示"菜单的"分类汇总"命令，弹出"分类汇总"对话框；在该对话框中设置分类字段为"部门"，汇总方式为"平均值"，选定汇总项为"工作时数"和"薪水"；再选定"替换当前分类汇总"和"汇总结果显示在数据下方"，如图 3-8 所示。

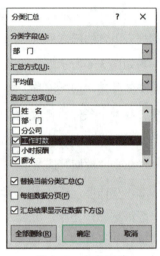

图 3-8　分类汇总

选定完成后单击"确定"按钮，系统自动按照部门分类汇总，计算工作时数和薪水的平均值，分类汇总后的效果如图 3-9 所示。将工作表重命名为"分类汇总"。

序号	姓名	部门	分公司	工作时数	小时报酬	薪水
3	殷泳	培训部	西安	140	21	2940
7	王雷	培训部	南京	140	28	3920
10	朱小梅	培训部	西安	140	21	2940
17	廖东	培训部	天津	140	21	2940
		培训部 平均值		140		3185
1	杜永宁	软件部	南京	160	36	5760
4	杨柳青	软件部	南京	160	34	5440
5	段楠	软件部	北京	140	31	4340
8	褚彤彤	软件部	南京	160	42	6720
12	赵玲玲	软件部	西安	160	25	4000
13	冯刚	软件部	南京	160	45	7200
14	郑丽	软件部	北京	160	30	4800
15	孟晓姗	软件部	西安	160	28	4480
19	施敏	软件部	南京	160	39	6240
20	明章静	软件部	北京	160	33	5280
		软件部 平均值		158		5426
2	王传华	销售部	西安	140	28	3920
6	刘朝阳	销售部	西安	140	23	3220
9	陈勇强	销售部	北京	140	28	3920
11	于洋	销售部	西安	140	23	3220
16	杨子健	销售部	南京	140	41	5740
18	臧天欣	销售部	天津	140	20	2800
		销售部 平均值		140		3803.333
		总计平均值		149		4491

图 3-9　分类汇总后的效果图

（2）分级显示

只显示总计平均值，忽略部门差异：单击分类汇总结果行号左侧的按钮"1"，只显示一级汇总结果，如图3-10所示。

	A	B	C	D	E	F	G
1	序号	姓名	部门	分公司	工作时数	小时报酬	薪水
25			总计平均值		149		4491
26							
27							

图3-10 一级汇总结果

按部门显示汇总结果：单击分类汇总结果行号左侧的按钮"2"，可显示各部门汇总情况及总计平均值，如图3-11所示。单击"2"下方的"+"号按钮，可以展开对应部门的明细；单击"-"号按钮则可以实现折叠显示。

	A	B	C	D	E	F	G
1	序号	姓名	部门	分公司	工作时数	小时报酬	薪水
6			培训部 平均值		140		3185
17			软件部 平均值		158		5426
24			销售部 平均值		140		3803.333
25			总计平均值		149		4491

图3-11 二级汇总结果

显示数据明细：单击分类汇总结果行号左侧的按钮"3"，则可以显示各级汇总情况和数据明细，如图3-12所示。

	A	B	C	D	E	F	G
1	序号	姓名	部门	分公司	工作时数	小时报酬	薪水
2	3	殷泳	培训部	西安	140	21	2940
3	7	王雷	培训部	南京	140	28	3920
4	10	朱小梅	培训部	西安	140	21	2940
5	17	廖东	培训部	天津	140	21	2940
6			培训部 平均值		140		3185
7	1	杜永宁	软件部	南京	160	36	5760
8	4	杨柳青	软件部	南京	160	34	5440
9	5	段楠	软件部	北京	140	31	4340
10	8	褚彤彤	软件部	南京	160	42	6720
11	12	赵玲玲	软件部	西安	160	25	4000
12	13	冯刚	软件部	南京	160	45	7200
13	14	郑丽	软件部	北京	160	30	4800
14	15	孟晓姗	软件部	西安	160	28	4480
15	19	施敏	软件部	南京	160	39	6240
16	20	明章静	软件部	北京	160	33	5280
17			软件部 平均值		158		5426
18	2	王传华	销售部	西安	140	28	3920
19	6	刘朝阳	销售部	西安	140	23	3220
20	9	陈勇强	销售部	北京	140	28	3920
21	11	于洋	销售部	西安	140	23	3220
22	16	杨子健	销售部	南京	140	41	5740
23	18	臧天歆	销售部	天津	140	20	2800
24			销售部 平均值		140		3803.333
25			总计平均值		149		4491

图3-12 各级汇总情况及数据明细

（3）删除分类汇总

将前面所做的分类汇总删除：单击分类汇总区域的任意单元格，单击“数据”选项卡下的“分类汇总”按钮，在弹出的“分类汇总”对话框中单击“全部删除”，即可删除分类汇总，数据恢复到初始状态。

4. 合并计算

数据合并可以把来自不同源数据区的数据进行汇总，并进行合并计算。

请在同一工作簿中分别设计“一分店销售数据”“二分店销售数据”“合并销售数据”三个工作表，分别如图 3-13、图 3-14、图 3-15 所示。

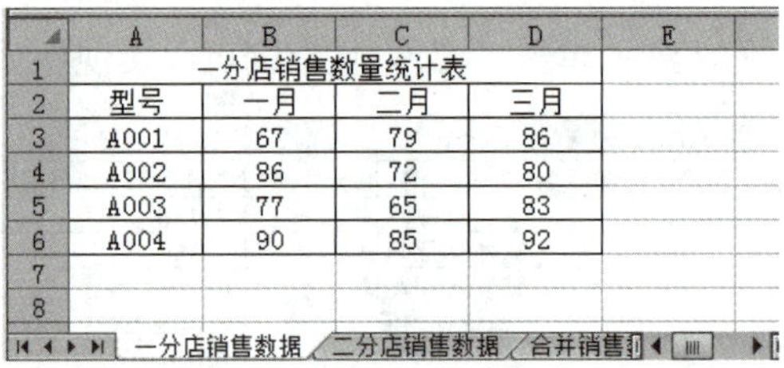

	A	B	C	D	E
1	一分店销售数量统计表				
2	型号	一月	二月	三月	
3	A001	67	79	86	
4	A002	86	72	80	
5	A003	77	65	83	
6	A004	90	85	92	
7					
8					

图 3-13　一分店销售数据

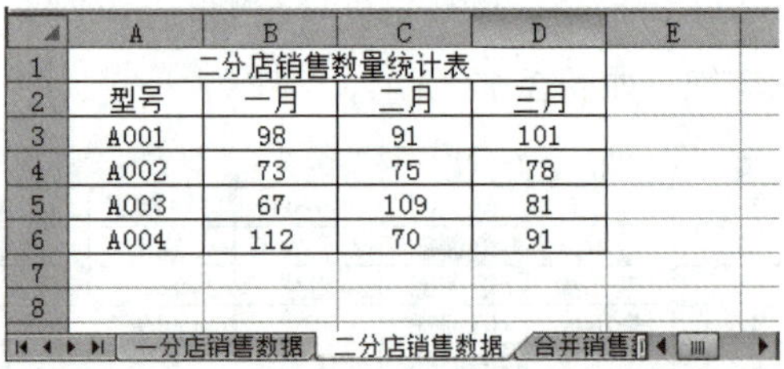

	A	B	C	D	E
1	二分店销售数量统计表				
2	型号	一月	二月	三月	
3	A001	98	91	101	
4	A002	73	75	78	
5	A003	67	109	81	
6	A004	112	70	91	
7					
8					

图 3-14　二分店销售数据

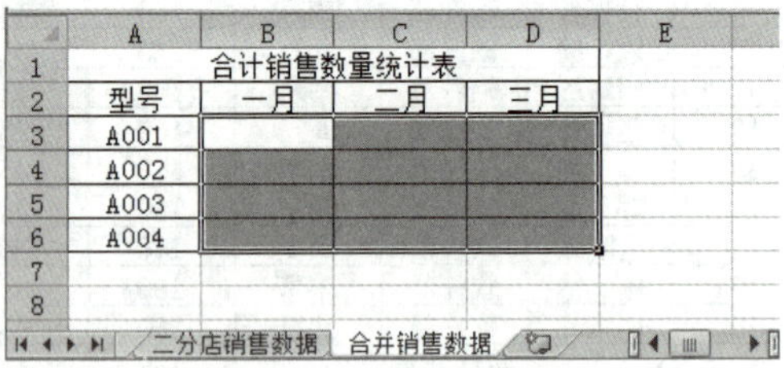

	A	B	C	D	E
1	合计销售数量统计表				
2	型号	一月	二月	三月	
3	A001				
4	A002				
5	A003				
6	A004				
7					
8					

图 3-15　合并销售数据

选中“合并销售数据”工作表的 B3:D6 单元格区域，选择“数据”选项卡下“数据工具”组中的“合并计算”命令，弹出“合并计算”对话框，在对话框“函数”下拉列表中选择“求和”，在“引用位置”参数中选择“一分店销售数据”工作表中的 B3:D6 单元格区域，单击“添加”按钮，再选取“二分店销售数据”工作表中的 B3:D6 单元格区域（选择“浏览”可以选取不同工作簿中的引用位置），单击“添加”按钮，选中“创建指向源数据的链接”（当源数据变化时，合并计算结果也随之变化），如图 3-16 所示，单击“确定”完成合并计算。合并计算后的工作表如图 3-17 所示。

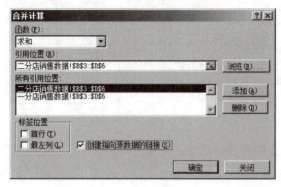

图 3-16　合并计算

	A	B	C	D	E
1		合计销售数量统计表			
2	型号	一月	二月	三月	
5	A001	165	170	187	
8	A002	159	147	158	
11	A003	144	174	164	
14	A004	202	155	183	
15					
16					

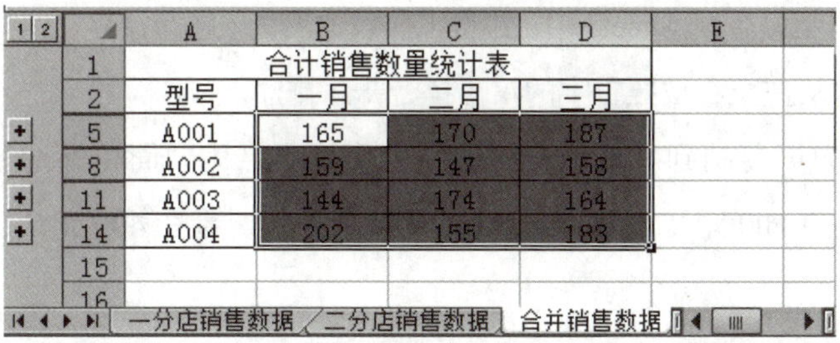

图 3-17　合并计算后的工作表

任务小结

数据排序、数据筛选、分类汇总等操作都是建立在数据清单基础上的，数据清单仅由列标题和数据行构成，原则上不能对表格进行合并操作。排序通常是对行排序，但也可以对列进行排序。筛选可以分为简单筛选和高级筛选，高级筛选可以实现更为复杂的筛选逻辑，但需要自定义筛选条件区域。分类汇总是日常工作中极为实用的一种数据处理方式，需要注意的是分类汇总之前需要先按照分类依据进行排序。

实践训练

打开素材文件，查看如图 3-18 所示的表格，然后完成下列要求：

	A	B	C	D	E	F	G	H	I	J
1	员工编号	员工姓名	身份证号	所在部门	基本工资	奖金	住房补助	车费补助	保险金	请假扣款
2	1001	江雨薇	360102198305230088	人事部	¥3,000	¥250	¥100	¥120	¥200	¥20
3	1002	郝思嘉	330226198503280033	行政部	¥2,000	¥300	¥100	¥120	¥200	¥23
4	1003	林晓彤	360402198211040020	财务部	¥2,500	¥360	¥100	¥0	¥200	¥14
5	1004	曾云儿	452522198609255866	销售部	¥2,000	¥450	¥100	¥120	¥200	¥8
6	1005	邱月清	1328291987040 1245X	业务部	¥3,000	¥120	¥100	¥0	¥200	¥9
7	1006	沈沉	142224198402150989	人事部	¥1,900	¥180	¥100	¥50	¥200	¥50
8	1007	蔡小蓓	130223198009056113	行政部	¥2,000	¥300	¥100	¥120	¥200	¥36
9	1008	尹南	320102198509242862	财务部	¥3,000	¥360	¥100	¥120	¥200	¥40
10	1009	陈小旭	130302198909052211	销售部	¥2,500	¥450	¥100	¥120	¥200	¥60
11	1010	薛靖	130302198703074518	业务部	¥2,200	¥120	¥100	¥120	¥200	¥25
12	1011	萧煜	420107198511052019	财务部	¥2,000	¥340	¥100	¥0	¥200	¥26
13	1012	陈露	452522198409255866	人事部	¥3,000	¥300	¥100	¥120	¥200	¥39
14	1013	杨清清	130100198406026752	业务部	¥2,500	¥360	¥100	¥120	¥200	¥48
15	1014	柳晓琳	3302019850614677X	人事部	¥3,000	¥450	¥100	¥120	¥200	¥52
16	1015	杜媛媛	130300198206026795	行政部	¥2,000	¥120	¥100	¥120	¥200	¥16
17	1016	乔小麦	330100198506026816	财务部	¥3,000	¥340	¥100	¥120	¥200	¥54
18	1017	丁欣	1101001983060 2682X	销售部	¥2,000	¥360	¥100	¥120	¥200	¥16
19	1018	赵震	360100198706026859	业务部	¥2,500	¥450	¥100	¥120	¥200	¥49

图 3-18 初始数据

1. 将数据复制到 Sheet2 中，并将工作表命名为"按列排序"。按照"基本工资"从高到低排序；如果"基本工资"相同，则按照"奖金"从高到低排序；如果"奖金"相同，则按照"车费补助"从高到低排序。

2. 将数据复制到 Sheet3 中，并将工作表命名为"按行排序"。改变列顺序，要求列标题从左至右按照首字的汉语拼音升序排序。

3. 将数据复制到 Sheet4 中，并将工作表命名为"简单筛选"。筛选出基本工资在 2 500 元及以上，3 000 元及以下并且奖金在 400 元及以上的员工信息。

4. 将数据复制到 Sheet5 中，并将工作表命名为"高级筛选"。筛选出基本工资大于等于 3 000 元或者是奖金大于等于 400 元的员工信息。

5. 将数据复制到 Sheet6 中，并将工作表命名为"分类汇总"。按部门汇总出基本工资和奖金两个工资项目的平均值，然后只显示各个部门的平均值，隐藏具体员工信息。

6. 将数据复制到 Sheet7 中，并将工作表命名为"工资条"。请制作出每个员工的工资条，如图 3-19 所示，其中空行的作用是打印出来后方便裁剪。

	A	B	C	D	E	F	G	H	I
1	员工编号	员工姓名	所在部门	基本工资	奖金	住房补助	车费补助	保险金	请假扣款
2	1001	江雨薇	人事部	¥3,000	¥250	¥100	¥120	¥200	¥20
3									
4	员工编号	员工姓名	所在部门	基本工资	奖金	住房补助	车费补助	保险金	请假扣款
5	1002	郝思嘉	行政部	¥2,000	¥300	¥100	¥120	¥200	¥23
6									
7	员工编号	员工姓名	所在部门	基本工资	奖金	住房补助	车费补助	保险金	请假扣款
8	1003	林晓彤	财务部	¥2,500	¥360	¥100	¥0	¥200	¥14

图 3-19 工资条示例

7. 将数据复制到 Sheet8 中，并将工作表命名为"工资详情表"。综合采用数据有效性和 VLOOKUP 函数制作如图 3-20 所示的工资详情表，当用户在下拉列表中选择员工编号时，下面显示选定员工的各项工资信息。

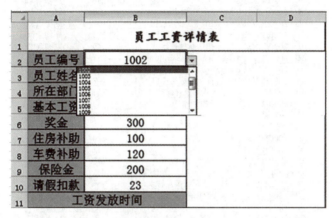

图 3-20　工资详情表

任务 2　数据透视表创建

🎯 任务目的

1. 认识数据透视表的概念及作用。
2. 掌握数据透视表字段的设置方法。
3. 能够对创建的数据透视表进行内容和格式调整。
4. 能够解决基于同一数据源的多个数据透视表相互影响的问题。

📋 工作任务

打开素材文件，如图 3-21 所示为某图书配送仓库的业务数据记录表，表中记录了 2020 年年末的仓库盘点数据，之后为 2021 年一季度每日入库和出库的流水记录。现需要通过数据透视表统计 2021 年一季度每月每种书籍的入库和出库情况（效果如图 3-22 所示）以及每种书籍季度末库存结余（效果如图 3-23 所示），要求两个数据透视表相互独立，不共享缓存数据。

	A	B	C	D
1	日期	书名	数量	状态
2	2020/12/31	Access数据库程序设计	200	期初余额
3	2020/12/31	C语言程序设计	180	期初余额
4	2020/12/31	Java语言程序设计	150	期初余额
5	2020/12/31	MS Office高级应用	189	期初余额
6	2020/12/31	MySQL数据库程序设计	235	期初余额
7	2020/12/31	ＶB语言程序设计	167	期初余额
8	2020/12/31	VB语言程序设计	218	期初余额
9	2020/12/31	操作系统原理	240	期初余额
10	2020/12/31	计算机基础及MS Office应用	157	期初余额
11	2020/12/31	计算机基础及Photoshop应用	237	期初余额
12	2020/12/31	计算机组成与接口	197	期初余额
13	2020/12/31	嵌入式系统开发技术	200	期初余额
14	2020/12/31	软件测试技术	155	期初余额
15	2020/12/31	软件工程	188	期初余额
16	2020/12/31	数据库技术	155	期初余额
17	2020/12/31	数据库原理	214	期初余额
18	2020/12/31	网络技术	211	期初余额
19	2020/12/31	信息安全技术	215	期初余额
20	2021/1/2	计算机基础及MS Office应用	12	入库
21	2021/1/4	嵌入式系统开发技术	5	出库
22	2021/1/4	操作系统原理	41	入库
23	2021/1/5	MySQL数据库程序设计	21	出库
24	2021/1/6	MS Office高级应用	32	入库
25	2021/1/9	网络技术	3	出库
26	2021/1/9	数据库技术	1	入库
27	2021/1/10	软件测试技术	3	出库
28	2021/1/10	计算机组成与接口	43	出库
29	2021/1/11	计算机基础及Photoshop应用	22	出库
30	2021/1/11	C语言程序设计	31	入库
31	2021/1/12	信息安全技术	19	出库
32	2021/1/12	数据库原理	43	入库
33	2021/1/13	ＶB语言程序设计	39	出库

图 3-21 业务数据记录表

	A	B	C	D
1	求和项:数量	列标签		
2		2021年		
3	行标签	1月	2月	3月
4	⊟Access数据库程序设计			
5	出库	43	48	23
6	入库		15	9
7	⊟C语言程序设计			
8	出库	45	25	51
9	入库	31		40
10	⊟Java语言程序设计			
11	出库		49	58
12	入库	30		
13	⊟MS Office高级应用			
14	出库	38	47	9
15	入库	32		
16	⊟MySQL数据库程序设计			
17	出库	43	17	
18	⊟ＶB语言程序设计			
19	出库	39		
20	⊟VB语言程序设计			
21	出库			7
22	入库	34	21	4

图 3-22 2021年一季度每月每种书籍的入库和出库情况

项目 3　数据管理与查询

求和项:数量	列标签			
行标签	期初余额	入库	出库	结余
Access数据库程序设计	200	24	114	110
C语言程序设计	180	71	121	130
Java语言程序设计	150	30	107	73
MS Office高级应用	189	32	94	127
MySQL数据库程序设计	235		60	175
V B语言程序设计	167		39	128
VB语言程序设计	218	59	7	270
操作系统原理	240	41	48	233
计算机基础及MS Office应用	157	12	114	55
计算机基础及Photoshop应用	237	67	133	171
计算机组成与接口	197	60	160	97
嵌入式系统开发技术	200	106	5	301
软件测试技术	155	19	119	55
软件工程	188	47	84	151
数据库技术	155	45	64	136
数据库原理	214	2	84	132
网络技术	211	15	52	174
信息安全技术	215	31	42	204
总计	3508	661	1447	2722

图 3-23　季度末库存结余表

🔗 **知识链接**

使用数据透视表可以按照数据表格的不同字段从多个角度进行透视，并建立交叉表格，用以查看数据不同层面的汇总信息，帮助用户发现关键信息。数据透视表可以完成对数据的筛选、分类汇总、字段计算等多种统计分析，恰当使用数据透视表可以极大提高数据处理效率。

✅ **任务实施**

1．插入数据透视表

选中原始数据表的 A1:D106 单元格，单击"插入"选项卡下的"数据透视表"命令按钮，弹出如图 3-24 所示的对话框，在"选择放置数据透视表的位置"下选择"新工作表"，单击"确定"。

2．添加数据透视表字段

单击左侧插入的数据透视表区域，在右侧的"数据透视表字段"对话框中将"书名"和"状态"拖动到行标签（注意"状态"位于"书名"之下），将"日期"拖动到列标签（Excel 自动将"日期"列按照季度和日期进行分组），将"数量"拖动至"值"区域，如图 3-25 所示。

数据透视表创建

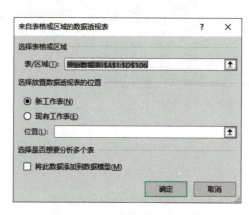

图 3-24　插入数据透视表向导　　　　图 3-25　数据透视表字段设置

> **思考与点拨：**
>
> 数据透视表的使用有没有什么技巧？
>
> 数据透视表是 Excel 中非常有用的数据分析工具，只要按不同的形式放置字段即可完成不同的计算统计。在使用数据透视表时，重点抓住行标签、列标签、筛选和值四个参数。如果只需要进行单条件统计分析，用行标签（或列标签）+值两个参数即可；如果涉及两个条件的统计分析，则需要用到行标签+列标签+值三个参数；如果涉及三个条件的统计分析，则需要使用筛选+行标签+列标签+值四个参数。在"值"参数的下拉列表中可以选择计算的类型，例如求和、计数、最大值、最小值等，根据实际需要选择即可。

3．设置日期分组及筛选

鼠标右键单击数据透视表上方"列标签"下的"2020年"，在右键快捷菜单中选择"组合"，弹出如图 3-26 所示的"组合"对话框。在"步长"列表选择"年"和"月"，单击"确定"。

图 3-26 日期组合对话框

单击数据透视表上方的"列标签"下拉箭头,在"选择字段"对话框中只勾选"2021 年",生成如图 3-27 所示的数据透视表。

	A	B	C	D	E	F
1						
2						
3	求和项:数量	列标签				
4		⊟2021年			2021年 汇总	总计
5	行标签	1月	2月	3月		
6	⊟Access数据库程序设计	43	63	32	138	138
7	出库	43	48	23	114	114
8	入库		15	9	24	24
9	⊟C语言程序设计	76	25	91	192	192
10	出库	45	25	51	121	121
11	入库	31		40	71	71
12	⊟Java语言程序设计	30	49	58	137	137
13	出库		49	58	107	107
14	入库	30			30	30
15	⊟MS Office高级应用	70	47	9	126	126
16	出库	38	47	9	94	94
17	入库	32			32	32
18	⊟MySQL数据库程序设计	43	17		60	60
19	出库	43	17		60	60
20	⊟V B语言程序设计	39			39	39

图 3-27 数据透视表初步效果

4. 取消数据透视表不必要的汇总列

鼠标右键单击"2021 年 汇总",在右键快捷菜单中取消选中"分类汇总'年'";单击"据透视表工具|设计|布局"选项卡下的"总计"按钮,选择"仅对列启用",删除右侧的汇总字段。

5．对数据透视表进行格式美化

选中生成的数据透视表区域，设置对齐方式为"居中"，设置边框线为"所有框线"，适当调整列宽，生成如图 3-28 所示的数据透视表。反映 2021 年一季度每月每种书籍的出入库情况的数据透视表制作完成。

图 3-28　2021 年一季度每月每种书籍的出入库情况透视表

6．启用数据透视表向导

选中原始数据表的 A1:D106 单元格，按键盘组合键"Alt+D"，再按下"P"键，调出如图 3-29 所示的"数据透视表和数据透视图向导"对话框。

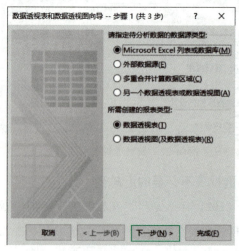

图 3-29　数据透视表和数据透视图向导

选择分析数据的数据源类型为"Microsoft Excel 列表或数据库",报表类型为"数据透视表",单击"下一步",数据源区域保持不变,弹出如图 3-30 所示的是否共享内存询问对话框,选择"否",使数据透视表之间相互独立、互不影响。在"数据透视表显示位置"对话框中选择"新工作表",单击"完成"。

图 3-30　是否共享内存询问对话框

7. 设置数据透视表字段

选中数据透视表区域,在右侧的"数据透视表字段"对话框中将"书名"拖动到行标签,将"状态"拖动到列标签,将"数量"拖动到"值"区域,如图 3-31 所示。

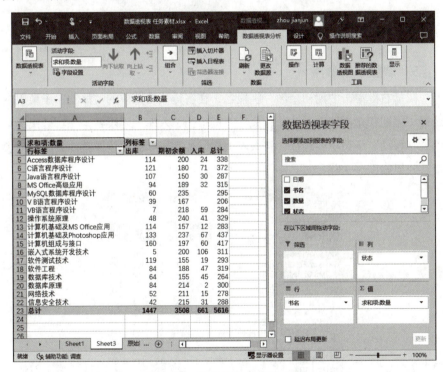

图 3-31　数据透视表字段设置

选中数据透视表区域,单击"数据透视表工具|设计|布局"选项卡下的"总计"下拉列表,选择"仅对列启用",去除自动生成的总计列。

8. 添加计算字段

单击选中数据透视表的"入库"列标题,单击"数据透视表工具|数据透视表分析|计算"下的"字段、项目和集",在下拉列表中选择"计算项",在"在'状态'中插入计算字段"对话框中将"名称"设置为"结余","公式"文本框中输入"=期初余额+入库-出库",如图3-32所示。单击"确定"完成计算字段的添加。

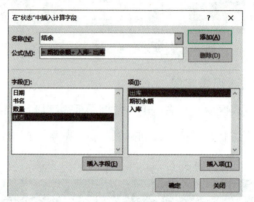

图 3-32 添加计算字段

9. 调整字段顺序

鼠标右键单击"期初余额"字段名,在右键快捷菜单的"移动"子菜单中选择"将期初余额移至开头";鼠标右键单击"入库"字段名,在右键快捷菜单的"移动"子菜单中选择"将入库上移",完成字段顺序调整。数据透视表最终效果如图3-33所示。

行标签	期初余额	入库	出库	结余
Access数据库程序设计	200	24	114	110
C语言程序设计	180	71	121	130
Java语言程序设计	150	30	107	73
MS Office高级应用	189	32	94	127
MySQL数据库程序设计	235		60	175
V B语言程序设计	167		39	128
VB语言程序设计	218	59	7	270
操作系统原理	240	41	48	233
计算机基础及MS Office应用	157	12	114	55
计算机基础及Photoshop应用	237	67	133	171
计算机组成与接口	197	60	160	97
嵌入式系统开发技术	200	106	5	301
软件测试技术	155	19	119	55
软件工程	188	47	84	151
数据库技术	155	45	64	136
数据库原理	214	2	84	132
网络技术	211	15	52	174
信息安全技术	215	31	42	204
总计	3508	661	1447	2722

图 3-33 反映每种书籍季度末库存结余的数据透视表

任务小结

本任务中涉及两个数据透视表的制作：第一个数据透视表涉及日期相关的数据统计，可以对日期进行分组和筛选，只显示特定时间范围的数据；第二个数据透视表添加了自定义的计算字段。用户可以根据统计需要选择合适的字段，通过适当摆放字段来从多个角度透视数据。数据透视表创建好以后，可以进行内容和格式的优化，使数据透视表更加友好。

实践训练

打开素材文件，查看某书店的图书销售出库数据，如图 3-34 所示，每一行是一笔出库记录。请制作如图 3-35 所示的反映每月"程序设计"类相关图书出库业务笔数的数据透视表。

	A	B	C
1	日期	书名	数量
2	2021/1/2	计算机基础及MS Office应用	12
3	2021/1/4	嵌入式系统开发技术	5
4	2021/1/4	操作系统原理	41
5	2021/1/5	MySQL数据库程序设计	21
6	2021/1/6	MS Office高级应用	32
7	2021/1/9	网络技术	3
8	2021/1/9	数据库技术	1
9	2021/1/10	软件测试技术	3
10	2021/1/10	计算机组成与接口	43
11	2021/1/11	计算机基础及Photoshop应用	22
12	2021/1/11	C语言程序设计	31
13	2021/1/12	信息安全技术	19
14	2021/1/12	数据库原理	43
15	2021/1/13	V B语言程序设计	39
16	2021/1/15	Java语言程序设计	30
17	2021/1/16	Access数据库程序设计	43

图 3-34　图书销售出库数据

	A	B	C	D	E
1	计数项:数量	列标签			
2	行标签	1月	2月	3月	总计
3	Access数据库程序设计	1	2	2	5
4	C语言程序设计	2	2	3	7
5	Java语言程序设计	1	2	2	5
6	MySQL数据库程序设计	2	1		3
7	V B语言程序设计	1			1
8	VB语言程序设计	1	1	2	4
9	总计	8	8	9	25

图 3-35　数据透视表效果图

任务 3　Power Pivot 超级透视

任务目的

1. 认识 Power Pivot 的概念及作用。
2. 理解关系数据模型的概念。
3. 学会使用 Power Pivot 创建超级透视表。

工作任务

某商贸公司有一个名为“商品订购管理”的工作簿（见素材文件），包含了如图 3-36、图 3-37、图 3-38 所示的三个 Excel 表，分别是“客户”“商品”“订单”，现根据业务需求，需要分析出 9 月 9 日当天“嘉士利早餐饼”在各个区域订购量在总订购量中的占比，效果如图 3-39 所示。

	A	B	C	D	E	F	G
1	客户编号	客户名称	收件人	收件地	收件地址		
2	CUS17010108	bd09472598	何坤影	黄浦区	延安西路1号		
3	CUS17010244	bd12492501	童彦	徐汇区	天钥桥路5号		
4	CUS17010302	bd22460452	朱千牡	长宁区	红宝石路6号		
5	CUS17010411	胤子涵	陈莉	宝山区	密山路1号		
6	CUS17010415	果子	郭先平	徐汇区	丹东路4号		
7	CUS17010443	bd30439426	张想连	静安区	安义路2号		
8	CUS17010521	gmision	黄漫芬	金山区	新东路3号		
9	CUS17010566	bd49407406	范段珍	普陀区	芝川路3号		
10	CUS17010609	bd17428465	曾任俊	虹口区	黄兴路154号		
11	CUS17010737	bd22455464	王哲	杨浦区	国安路54号		
12	CUS17010864	bd30442420	刘侨枚	闵行区	莘凌路969号		
13	CUS17010877	huahua	张国娜	长宁区	茅台路15号		
14	CUS17010900	bd44411400	任 巧	宝山区	月川路06号		

客户　商品　订单

辅助功能：一切就绪　显示器设置　100%

图 3-36　“客户”表

	A	B	C	D	E
1	商品编号	商品名称	商品类型		
2	4600495528797	POHHN小牛大奶牛巧克力威化饼干	休闲食品		
3	4893055310134	益而高套装订书机	文化用品		
4	6900077001341	隆力奇蛇油SOD蜜	洗涤日化		
5	6900077001723	隆力奇蛇油膏	洗涤日化		
6	6900077003475	隆力奇蛇油护手霜	洗涤日化		
7	6901070600357	云南白药金口健牙膏	洗涤日化		
8	6901180313888	嘉士利威化饼（椰味）	休闲食品		
9	6901180339383	嘉士利通心饼	休闲食品		
10	6901180339581	嘉士利早餐饼	休闲食品		
11	6901180980783	嘉士利 香薄趣芝麻薄脆饼干	休闲食品		
12	6901236375174	维达卷筒纸V4322	日用百货		
13	6901382045365	五粮液（福禄寿喜）	饮品		
14	6901404321200	上海药皂	洗涤日化		

客户　商品　订单

辅助功能：一切就绪　显示器设置　100%

图 3-37　“商品”表

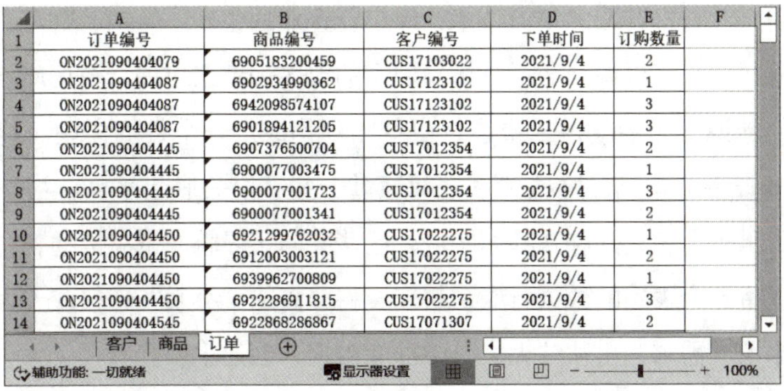

	A	B	C	D	E	F
1	订单编号	商品编号	客户编号	下单时间	订购数量	
2	ON2021090404079	6905183200459	CUS17103022	2021/9/4	2	
3	ON2021090404087	6902934990362	CUS17123102	2021/9/4	1	
4	ON2021090404087	6942098574107	CUS17123102	2021/9/4	3	
5	ON2021090404087	6901894121205	CUS17123102	2021/9/4	3	
6	ON2021090404445	6907376500704	CUS17012354	2021/9/4	2	
7	ON2021090404445	6900077003475	CUS17012354	2021/9/4	1	
8	ON2021090404445	6900077001723	CUS17012354	2021/9/4	3	
9	ON2021090404445	6900077001341	CUS17012354	2021/9/4	2	
10	ON2021090404450	6921299762032	CUS17022275	2021/9/4	1	
11	ON2021090404450	6912003003121	CUS17022275	2021/9/4	2	
12	ON2021090404450	6939962700809	CUS17022275	2021/9/4	1	
13	ON2021090404450	6922286911815	CUS17022275	2021/9/4	3	
14	ON2021090404545	6922868286867	CUS17071307	2021/9/4	2	

客户　商品　订单

辅助功能: 一切就绪　显示器设置　100%

图 3-38　“订单”表

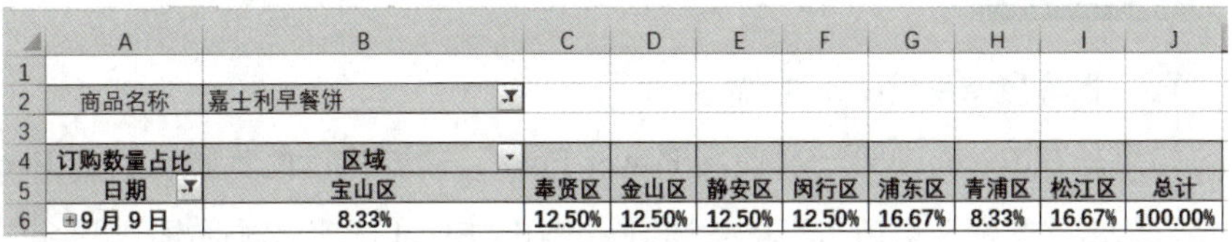

	A	B	C	D	E	F	G	H	I	J
1										
2	商品名称	嘉士利早餐饼								
3										
4	订购数量占比	区域								
5	日期	宝山区	奉贤区	金山区	静安区	闵行区	浦东区	青浦区	松江区	总计
6	⊞9 月 9 日	8.33%	12.50%	12.50%	12.50%	12.50%	16.67%	8.33%	16.67%	100.00%

图 3-39　数据透视表效果图

知识链接

1．Power Pivot

Excel 中的数据透视表（Pivot Table）实现了数据表的分类、汇总、合并、交叉等功能，是众多数据分析人员不可缺少的工具。Power Pivot 即“超级透视”，是大数据分析工具 Power BI 的核心组件，也是 Excel 的一个外接程序，以加载项的方式提供到 Excel 中，具有 Excel 数据透视表的全部功能。Power Pivot 能够将不同来源且具有不同格式的各类数据整合在数据模型中，提供了多维度、多层次的数据分析操作，是适应大数据商务智能的自助式数据分析工具。简单来说，Pivot Table 中存在的诸多问题，例如只能对一个工作表的数据进行透视分析、数据可视化转换效率低、处理大批量数据时速度缓慢且总量级别太小、多层次多维度数据透视困难等，在 Power Pivot 中都得到了很好解决。

2．关系数据模型

关系数据模型实际上是一种数据库技术，以严密的数学理论支撑数据库中的数据运算。基于关系模型组建的数据库称为关系数据库。多年来，关系数据库一直是企业数据存取的主流技术，保存着企业的生产、供销、财务、职工档案等重要数据。可以说，数据分析领域中的很多表都来自关系数据库。

通俗地说，关系就是二维表，由行和列构成。一个数据模型可能由多个关系（多张表）构成，这些关系之间通过一些字段关联起来，就被称为关系模型。由于多个表之间存在共同字段，这些共同字段就像桥梁沟通各个岛屿一样，可以将各个表中的数据行联系起来，将分离的"小表"连接成"大表"，并且根据用户需求，再从"大表"中提取数据，创建小表。

✓ 任务实施

1. 加载 Power Pivot 组件

如果是在 Excel 中第一次使用 Power Pivot，需要执行此步骤。打开 Excel 程序，单击"文件"选项卡下的"选项"，在"Excel 选项"对话框中选择"加载项"，在"管理"框中选择"COM 加载项"，单击"转到"，在弹出的"COM 加载项"对话框中勾选"Microsoft Power Pivot for Excel"，如图 3-40 所示，单击"确定"。

Power Pivot
超级透视

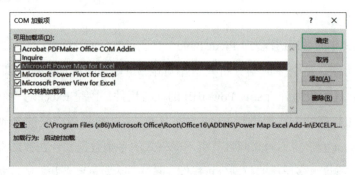

图 3-40　启用 Power Pivot 加载项

启用 Power Pivot 加载项之后，Excel 选项卡上方会增加一个名为"Power Pivot"的选项卡，如图 3-41 所示。

图 3-41　Power Pivot 选项卡

2. 将工作表添加到数据模型

打开"商品订购管理"工作簿，选中"客户"表的 A1:E334 单元格区域，单击"Power Pivot"选项卡下的"添加到数据模型"，在弹出的"创建表"对话框中勾选"我的表具有标题"，数据区域无须修改，如图 3-42 所示。

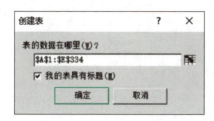

图 3-42 创建表对话框

单击"确定"之后，普通单元格区域被转换为表格区域，如图 3-43 所示。

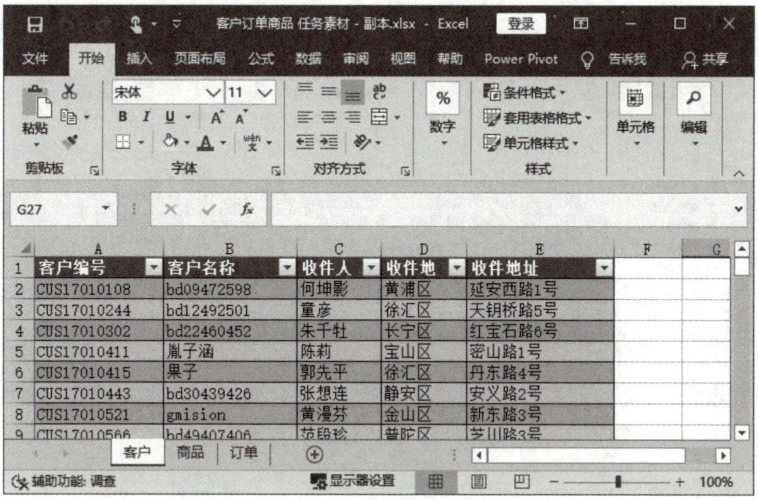

图 3-43 转换之后的"客户"表

将 Power Pivot 窗口最小化，回到 Excel 工作簿窗口，按照相同的操作方法将"商品"表和"订单"表分别添加到数据模型。

3. 创建表间关系

单击 Power Pivot 窗口"主页"选项卡下的"关系图视图"，如图 3-44 所示，在该窗口中分别双击表 1、表 2、表 3 左上角的表名，将表名更名为"客户""商品""订单"。

选中"客户"表中的"客户编号"字段，将其拖动到"订单"表的"客户编号"，选中"商品"表的"商品编号"字段，将其拖动到"订单"表的"商品编号"字段。适当调整三个表的位置,将"订单"表放在中间,这样更加美观,创建好的关系如图3-45所示。

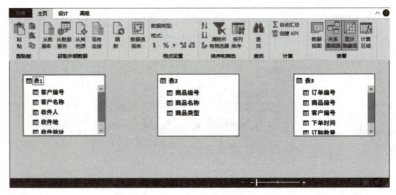

图3-44　表间关系创建窗口

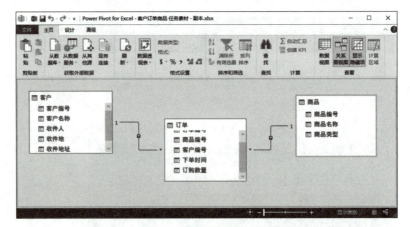

图3-45　创建好的关系图

> **思考与点拨:**
> 　　连接线两端的数字和中间的箭头有什么含义吗?
> 　　1 → * 代表是一对多的关系,表示前表的一条记录(一行数据)可以对应后表的多条记录。在本任务中,"客户"表和"商品"表中数据行是没有重复的,而"订单"表中则可以出现多个相同的商品编号或客户编号。这与数据库中的关系创建原理和方法都是类似的。
> 　　表间关系的定义是 Power Pivot 创建数据透视表的基础和关键。

4. 创建数据透视表

单击 Power Pivot 窗口中"主页"选项卡的"数据透视表"按钮,在"创建数据透视表"对话框中选择将数据透视表放到"新工作表",出现如图3-46

所示的数据透视表编辑界面。观察发现，在右侧的"数据透视表字段"中出现了表名，展开表可以看到字段名称，这是与之前数据透视表不同的地方。

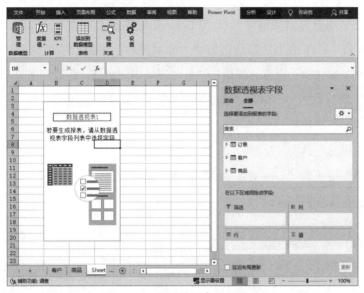

图3-46　数据透视表编辑界面

将"订单"表的"下单时间"字段拖到行标签，将"客户"表的"收件地"拖动到列标签，将"订单"表的"订购数量"拖动到"值"区域，将"商品"表的"商品名称"拖动到"筛选"区域，生成如图3-47所示的数据透视表布局图。

图3-47　数据透视表布局图

5. 优化数据透视表

鼠标右键单击透视表中任何一个日期，在右键快捷菜单中选择"组合"，在"组合"对话框中选择"日"，然后单击上方的下拉列表，只选择"9月9日"；单击上方筛选区域中"商品名称"右侧的下拉列表，只勾选"嘉士利早餐饼"；鼠标右键单击"值"区域中任意值，更改"值显示方式"为"总计的百分比"。单击"数据透视表工具|设计"选项卡下的"总计"，选择"仅对行启用"。

将行标签更改为"日期"，将列标签更改为"区域"，将"以下项目总和：订购数量"更改为"订购数量占比"；适当调整列宽，设置边框线，得到最终的数据透视表如图3-48所示。

图 3-48　最终数据透视表效果

📖 任务小结

Power Pivot制作超级透视表与Excel中的数据透视表最大区别在于支持对多表进行分析，避免了使用VLOOKUP函数对表格进行匹配整合，效率大大提高；创建超级数据透视表之前需要先定义表间关系，通过共同字段构建起表和表的联系，在此基础上创建透视表的步骤和过程与传统数据透视表类似。

✏️ 实践训练

某图书销售企业通过一个工作簿记录了销售订单明细、城市区域对照、图书定价等数据（见素材文件），分别如图3-49、图3-50和图3-51所示。请使用Power Pivot制作数据透视表，反映"北区"中各种书籍的销售额，如图3-52所示。

提示：可在Power Pivot模型中对订单表添加计算列后，再进行数据透视操作。

Contoso 公司销售订单明细表

订单编号	日期	书店名称	图书名称	销量（本）	发货地址
BTW-08001	2012年1月2日	鼎盛书店	《计算机基础及MS Office应用	12	福建省厦门市思明区莲岳路118号中烟大厦1702室
BTW-08002	2012年1月4日	博达书店	《嵌入式系统开发技术》	20	广东省深圳市南山区蛇口港湾大道2号
BTW-08003	2012年1月4日	博达书店	《操作系统原理》	41	上海市闵行区浦星路699号
BTW-08004	2012年1月5日	博达书店	《MySQL数据库程序设计》	21	上海市浦东新区世纪大道100号上海环球金融中心56楼
BTW-08005	2012年1月6日	鼎盛书店	《MS Office高级应用》	32	海南省海口市琼山区红城湖路22号
BTW-08006	2012年1月9日	鼎盛书店	《网络技术》	22	云南省昆明市官渡区拓东路6号
BTW-08600	2012年7月13日	鼎盛书店	《数据库原理》	49	北京市石河子市石河子信息办公室
BTW-08601	2012年7月14日	博达书店	《VB语言程序设计》	20	重庆市渝中区中山三路155号
BTW-08007	2012年1月9日	博达书店	《数据库技术》	12	广东省深圳市龙岗区坂田
BTW-08008	2012年1月10日	鼎盛书店	《软件测试技术》	32	江西省南昌市西湖区洪城路289号
BTW-08009	2012年1月10日	博达书店	《计算机组成与接口》	43	北京市海淀区东北旺西路8号
BTW-08010	2012年1月11日	隆华书店	《计算机基础及Photoshop应用	22	北京市西城区西绒线胡同51号中国会
BTW-08011	2012年1月11日	鼎盛书店	《C语言程序设计》	31	贵州省贵阳市云岩区中山西路51号
BTW-08012	2012年1月12日	隆华书店	《信息安全技术》	19	贵州省贵阳市中山西路51号
BTW-08013	2012年1月12日	鼎盛书店	《数据库原理》	43	辽宁省大连中山区长江路123号大连日航酒店4层清苑厅
BTW-08014	2012年1月13日	隆华书店	《VB语言程序设计》	39	四川省成都市城市名人酒店
BTW-08015	2012年1月15日	鼎盛书店	《Java语言程序设计》	30	山西省大同市南城墙永泰西门
BTW-08016	2012年1月16日	鼎盛书店	《Access数据库程序设计》	43	浙江省杭州市西湖区北山路78号香格里拉饭店东楼1栋555房
BTW-08017	2012年1月16日	鼎盛书店	《软件工程》	40	浙江省杭州市西湖区紫金港路21号

订单明细　城市对照　图书定价　数据透视表

图 3-49　销售订单明细表

城市区域对照表

省市	销售区域
福建省	南区
广东省	南区
上海市	东区
海南省	南区
云南省	西区
江西省	东区
北京市	北区
贵州省	西区
辽宁省	北区
四川省	西区
山西省	北区
浙江省	东区
江苏省	东区
天津市	北区
山东省	北区
重庆市	西区
吉林省	北区
河北省	北区
陕西省	北区
湖北省	东区
安徽省	东区
河南省	北区
甘肃省	西区

订单明细　城市对照

图 3-50　城市区域对照表

图书定价参考表

图书名称	定价
《计算机基础及MS Office应用》	¥ 41.30
《计算机基础及Photoshop应用》	¥ 42.50
《C语言程序设计》	¥ 39.40
《VB语言程序设计》	¥ 39.80
《Java语言程序设计》	¥ 40.60
《Access数据库程序设计》	¥ 38.60
《MySQL数据库程序设计》	¥ 39.20
《MS Office高级应用》	¥ 36.30
《网络技术》	¥ 34.90
《数据库技术》	¥ 40.50
《软件测试技术》	¥ 44.50
《信息安全技术》	¥ 36.80
《嵌入式系统开发技术》	¥ 43.90
《操作系统原理》	¥ 41.10
《计算机组成与接口》	¥ 37.80
《数据库原理》	¥ 43.20
《软件工程》	¥ 39.30

城市对照　图书定价

图 3-51　图书定价参考表

销售额	区域
书名	北区
《Access数据库程序设计》	13935
《C语言程序设计》	27107
《Java语言程序设计》	18838
《MS Office高级应用》	5481
《MySQL数据库程序设计》	8781
《VB语言程序设计》	13452
《操作系统原理》	11426
《计算机基础及MS Office应用》	9706
《计算机基础及Photoshop应用》	23078
《计算机组成与接口》	24948
《嵌入式系统开发技术》	12292
《软件测试技术》	19536
《软件工程》	11358
《数据库技术》	19805
《数据库原理》	25704
《网络技术》	7992
《信息安全技术》	22338
总计	275775

图 3-52　数据透视表效果图

任务 4　用 SQL 查询数据

任务目的

1. 掌握 SQL 语言的概念。
2. 掌握查询语句的基本语法。
3. 掌握常用函数的作用。
4. 熟练使用查询语句和函数统计数据。

工作任务

打开素材文件，查看某连锁书店一段时间内的销售记录，如图 3-53 所示，现需完成以下查询和统计任务：

	A	B	C	D	E	F
1	订单编号	日期	书店名称	图书名称	图书作者	销量
2	BY-08001	2012年1月2日	鼎盛书店	《Office商务办公好帮手》	孟天祥	12
3	BY-08002	2012年1月4日	博达书店	《Excel办公高手应用案例》	陈祥通	5
4	BY-08003	2012年1月4日	鼎盛书店	《Word办公高手应用案例》	王天宇	41
5	BY-08004	2012年1月5日	博达书店	《PowerPoint办公高手应用案例》	方文成	21
6	BY-08005	2012年1月6日	鼎盛书店	《OneNote万用电子笔记本》	钱顺卓	32
7	BY-08006	2012年1月9日	鼎盛书店	《Outlook电子邮件应用技巧》	王崇江	3
8	BY-08007	2012年1月9日	鼎盛书店	《Office商务办公好帮手》	黎浩然	1
9	BY-08008	2012年1月10日	鼎盛书店	《SharePoint Server安装、部署与开发》	刘露露	3
10	BY-08009	2012年1月10日	博达书店	《Excel办公高手应用案例》	陈祥通	43
11	BY-08010	2012年1月11日	隆华书店	《SharePoint Server安装、部署与开发》	徐志晨	22
12	BY-08011	2012年1月11日	鼎盛书店	《OneNote万用电子笔记本》	张哲宇	31
13	BY-08012	2012年1月12日	隆华书店	《Excel办公高手应用案例》	王炫皓	19
14	BY-08013	2012年1月12日	鼎盛书店	《Exchange Server安装、部署与开发》	王海德	43
15	BY-08014	2012年1月13日	隆华书店	《Office商务办公好帮手》	谢丽秋	39
16	BY-08015	2012年1月15日	鼎盛书店	《Outlook电子邮件应用技巧》	王崇江	30
17	BY-08016	2012年1月16日	鼎盛书店	《PowerPoint办公高手应用案例》	关天胜	43
18	BY-08017	2012年1月16日	鼎盛书店	《PowerPoint办公高手应用案例》	唐小姐	40
19	BY-08018	2012年1月17日	鼎盛书店	《Word办公高手应用案例》	钱顺卓	44
20	BY-08019	2012年1月18日	博达书店	《Office商务办公好帮手》	刘长辉	33
21	BY-08020	2012年1月19日	鼎盛书店	《OneNote万用电子笔记本》	李晓梅	35
22	BY-08021	2012年1月22日	博达书店	《SharePoint Server安装、部署与开发》	方文成	22
23	BY-08022	2012年1月23日	博达书店	《SharePoint Server安装、部署与开发》	王雅林	38
24	BY-08023	2012年1月24日	隆华书店	《Outlook电子邮件应用技巧》	谢丽秋	5
25	BY-08024	2012年1月24日	鼎盛书店	《OneNote万用电子笔记本》	王崇江	32
26	BY-08025	2012年1月25日	鼎盛书店	《Exchange Server安装、部署与开发》	唐小姐	19
27	BY-08026	2012年1月26日	隆华书店	《Office商务办公好帮手》	余雅丽	38
28	BY-08027	2012年1月26日	鼎盛书店	《Outlook电子邮件应用技巧》	钱顺卓	29
29	BY-08028	2012年1月29日	鼎盛书店	《Word办公高手应用案例》	刘露露	45
30	BY-08029	2012年1月30日	鼎盛书店	《Excel办公高手应用案例》	张哲宇	4
31	BY-08030	2012年1月31日	鼎盛书店	《Exchange Server安装、部署与开发》	边金双	7
32	BY-08031	2012年1月31日	隆华书店	《Word办公高手应用案例》	赵琳艳	34
33	BY-08032	2012年2月1日	博达书店	《SharePoint Server安装、部署与开发》	陈祥通	18
34	BY-08033	2012年2月1日	隆华书店	《Word办公高手应用案例》	余雅丽	15
35	BY-08034	2012年2月4日	鼎盛书店	《PowerPoint办公高手应用案例》	方嘉康	11
36	BY-08035	2012年2月5日	博达书店	《Exchange Server安装、部署与开发》	王海德	30
37	BY-08036	2012年2月6日	鼎盛书店	《Word办公高手应用案例》	孟天祥	48

图 3-53　销售记录单

1. 查询"鼎盛书店"中销量大于等于 50 的销售记录。

2. 查询"博达书店"的总销售量。

3. 查询图书名称清单。

4. 统计各个书店的销售总量并降序排序。

5. 查询销售数量合计达到 800 本以上的图书作者以及销量，按销量降序排序。

知识链接

1. SQL 基本概念

SQL 是结构化查询语言（Structured Query Language）的简称，是一种通用的、功能极强的关系数据库语言。Excel 和其他关系型数据库管理系统（RDBMS）类似，都是以关系（即二维表）的形式存储数据的。因此，可以在 Excel 中使用 SQL 语句，让数据处理变得更加高效和简洁。

SQL 语言简单易学，按其功能可以分为以下几类：

① 数据定义语句。数据定义语句包括 CREATE、DROP、ALTER，用来定义数据库的三级模式结构，即外模式、模式和内模式结构，包括创建、删除修改数据库、表、视图或索引等数据库对象。

② 数据操纵语句。数据操纵语句包括 INSERT、UPDATE、DELETE，用来对基本表和视图中的数据执行插入、删除和修改等操作。

③ 数据查询语句。数据查询语句只有一个动词 SELECT，用来完成对数据的查询操作。虽然数据查询只有一个动词，但却是 SQL 语言的核心功能，通过搭配 WHERE、ORDER BY、GROUP BY 和 HAVING 等子句或短语，可以完成非常复杂的查询操作。

④ 数据控制语句。数据控制语句包括 GRANT、REVOKE，主要是对用户的访问权限和操作权限加以控制，以保证数据库的安全性。在 EXCEL 中使用最多的操作是对数据的操纵和查询。

2. 查询语句的语法结构

SQL 虽然能完成数据库生命周期中的全部功能，但其最核心的功能在于数据查询，即使用 SELECT 语句在表中查找所需要的数据。一般情况下，SELECT 语句的语法格式为：

SELECT [ALL|DISTINCT]< 目标列表达式 >[AS 列别名][,< 目标列表达式 > [AS 列别名]…]

FROM <表名>[,<表名>...]
[WHERE <条件表达式>[AND|OR <条件表达式>...]]
[GROUP BY <列名>[<列名>]...[HAVING <条件表达式>]]
[ORDER BY <列名>[ASC|DESC][,<列名>[ASC | DESC]]]

SELECT 子句用于声明要在查询结果中显示的列，这些列可以是数据源中的某些列，也可以是经过计算后的表达式的值，还可以是字符串常量等，不同的列之间用逗号隔开。FROM 子句用来指明查询的数据所来自的表或数据源。WHERE 子句的作用在于查找数据源中所需要的行，其原理是指明一个或者多个查询条件，只有符合条件的行才会从表中筛选出来，放入查询结果中。GROUP BY 子句可以将数据进行分组，然后对分组后的数据做进一步的统计分析。用 GROUP BY 子句查询出分组数据之后，如果还需要对分组后的统计值做进一步筛选，则要用到 HAVING 短语。例如，当通过 GROUP BY 子句把每个学院的学生人数统计出来后，若想只查看人数在 500 以上的学院信息时，则要使用 HAVING 短语来指定"人数 >500"这个筛选条件，即分组统计之后的进一步筛选。当满足要求的数据被查出后，有可能会涉及大量的数据，此时可以对查询后的数据进行排序，以提高数据的可读性。对数据排序要使用 ORDER BY 子句，排序时既可以使用升序（ASC），也可以使用降序（DESC）；可以对一个字段排序，也可以对多个字段排序。

一般情况下，SELECT 子句、FROM 子句构成了 SELECT 查询语句的基本结构。根据查询数据的要求，可以逐步搭配 WHERE 子句、GROUP BY 子句、ORDER BY 子句以及 HAVING 短语共同构成复杂的 SELECT 语句块，实现更加高级复杂的查询操作。

3. 查询语句的语法规定

SQL 语句中使用的语法约定如表 3-1 所示。

表 3-1 SQL 语法约定

语法约定	含义
|（竖线）	分隔符，分隔符两侧的选项为可选项，只能选择其中一项
[ ]（方括号）	指可选语法项，使用时不必键入方括号
< >（尖角号）	指必选语法项，使用时不必键入尖角号
[,...n]	指前面的项可以重复 n 次，各项之间以逗号分隔
[...n]	指前面的项可以重复 n 次，各项之间以空格分隔

一般情况下，SQL 语句在引用表时直接书写表名即可，但在 SQL in Excel

（Excel 环境下的 SQL）中，表名一般以"表名 $"的形式给出，并在两侧加上方括号。因此在 SQL in Excel 中引用表的实际语法应为"<[表名 $]>"。这里需要注意的是，SQL 语法结构中的方括号"[ ]"本身还具有"可选项"的含义，这要在实际使用过程中加以区分。

有些数据查询涉及多个表，不同的表有可能存在相同名称的列。要区分这些来自不同表的相同列，需要在查询中指明某个列来自哪个表。指明列名的隶属关系时可以使用点号"."，格式为"[表名 $].列名"。例如："[学生信息表 $].学号"指的是"学生信息表"中的"学号"列，而"[选课表 $].学号"指的是"选课表"中的"学号"列。

SQL 语法中，对于表名和列名的命名规则是有要求的。在 Excel 中使用 SQL 时，表及其列的命名应符合以下规则：

① 表名或者列名的名称不能使用保留关键字，如 SELECT、FROM 等。

② 长度不要超过 30 个字节，为了方便引用，以言简意赅为宜。

③ 列名一般以字母、汉字、下划线（_）、数字为主，避免使用特殊字符，如空格、双引号（""）、撇号（'）、重音符（`）、井号（#）、百分号（%）、大于号（>）、小于号（<）、叹号（!）、句点（.）、脱字符（^）、圆括号、方括号（[ 或者 ]）、加号（+）、斜杠（\ 或者 /）、星号（*）、美元符号（$）、分号（;）等。如果已有的列名中出现了以上特殊字符，那么 SQL 语句在引用时，需要使用方括号"[ ]"或者重音符"`"将其括起来。

4．聚集函数

在使用 Excel 时，经常会使用 SUM、COUNT 等统计函数对某列数据或者某个区域的数据执行求和、计数等操作，在 SQL in Excel 中也可以使用这些函数对数据进行统计分析，这些函数称为聚集函数或者聚合函数。聚集函数使用时，除了可以对某列数据进行处理，还可以先根据列值分类，然后再分组统计。这需要结合 GROUP BY 子句及 HAVING 短语搭配使用。

聚集函数可以根据某列中的全部数据或者部分数据计算出一个统计值。聚集函数包括 SUM 求和函数、COUNT 计数函数、AVG 求平均值函数、MAX 求最大值函数、MIN 求最小值函数等。聚集函数一般出现在 SELECT 子句、HAVING 短语的后面，但不能出现在 WHERE 子句后。

用 SQL 查询数据

✅ 任务实施

1. 查询"鼎盛书店"中销量大于等于 50 的销售记录

打开素材文件,插入一个新工作表,命名为"鼎盛书店销售记录",如图 3-54 所示。

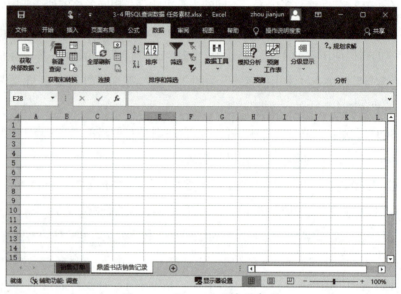

图 3-54　插入一个新表并命名

选中 A1 单元格,执行"数据|获取外部数据|现有连接"命令,弹出如图 3-55 所示的"现有连接"对话框,选择"浏览更多",选择数据源工作簿所在的路径,并选择数据源所在的表格,如图 3-56 所示,选择"销售订单"工作表作为数据源。

图 3-55　现有连接

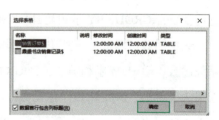

图 3-56　选择数据源

单击"确定",弹出"导入数据"对话框如图 3-57 所示,单击"属性"按钮,弹出"连接属性"对话框。在"连接属性"对话框中,将连接名称更改为"任务一",切换到"定义"选项卡,在"命令类型"下拉列表中选择"SQL",在命令文本中输入查询语句,如图 3-58 所示,其中"命令文本"中的完整代码如下:

select 订单编号,书店名称,销量
from [销售订单 $]
where 书店名称 =" 鼎盛书店 " and 销量 >=50

图 3-57　导入数据

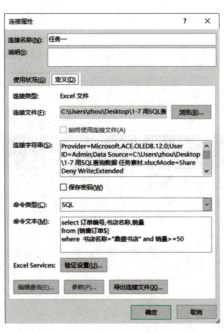

图 3-58　任务一的连接属性设置

思考与点拨:

　　SQL 查询语句书写有什么要求?

　　SQL 语句必须按照语法规定书写,select 后面跟要查询的字段名,多个字段之间用逗号隔开;from 后面跟要查询的数据表,且要注意放在"[ ]"中,表名以"$"结束;where 后面跟筛选条件,当有多个条件时,需要注意连接运算符的使用,and 表示连接的多个条件须同时满足(求交集),or 表示连接的多个条件满足一个即可(求并集)。SQL 代码中所有的标点必须在英文状态下输入。

单击"连接属性"对话框中的"确定"按钮，符合查询条件的数据被插入"鼎盛书店销售记录"工作表中（如果没有返回数据，请单击上方"全部刷新"按钮），如图 3-59 所示。

订单编号	书店名称	销量
BY-08078	鼎盛书店	50
BY-08101	鼎盛书店	50
BY-08161	鼎盛书店	50
BY-08432	鼎盛书店	50
BY-08567	鼎盛书店	50

图 3-59 任务一查询结果

2．查询"博达书店"的总销售量

在上述工作簿中新建一个工作表，命名为"博达书店销量统计"，选中 A1 单元格，如图 3-60 所示。

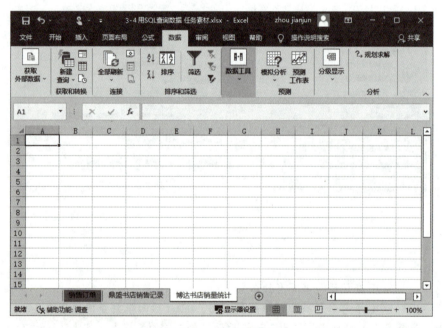

图 3-60 新建工作表

按照任务一的步骤进行操作，直到出现"连接属性"对话框，在"连接属性"对话框中输入连接名称"任务二"，在"定义"选项卡下将"命令类型"设置为"SQL"，命令文本中输入查询语句，如图 3-61 所示，其中"命令

文本"中的完整代码如下:

select sum(销量) as 博达书店总销量
from [销售订单 $]
where 书店名称 =" 博达书店 "

> **思考与点拨:**
>
> 代码中第一行的 as 有什么用?
>
> 这里的 as 用于指定字段名,因为 sum(销量)并不是数据表中已有的字段名,这里通过 as 给计算结果指定一个新的字段名"博达书店总销量",这个字段名只会出现在查询结果中,并不会影响数据表中的字段名。

单击"连接属性"对话框中的"确定"按钮,符合查询条件的数据如图 3-62 所示。

图 3-61　任务二的连接属性设置

图 3-62　任务二查询结果

3．查询图书名称清单

在上述工作簿中新建一个名为"图书名称清单"的工作表,按照前面的步骤进行操作,在"连接属性"对话框中修改连接名称为"任务三",命令类型

为"SQL",输入命令文本,如图 3-63 所示,其中"命令文本"中的完整代码如下:

select distinct 图书名称

from [销售订单 $]

> **思考与点拨:**
> 代码中第一行的 distinct 有什么用?
> distinct 用来过滤掉多余的重复记录,即相同的记录只保留一条。其用在这里是指查询过程中只保留不同的图书名称。

单击"连接属性"对话框中的"确定"按钮,符合查询条件的数据如图 3-64 所示。

图 3-63　任务三的连接属性设置

图 3-64　任务三查询结果

4. 统计各个书店的销售总量并降序排序

在上述工作簿中新建一个工作表,命名为"各书店销售总量并降序排序",选中 A1 单元格,如图 3-65 所示。

项目 3　数据管理与查询

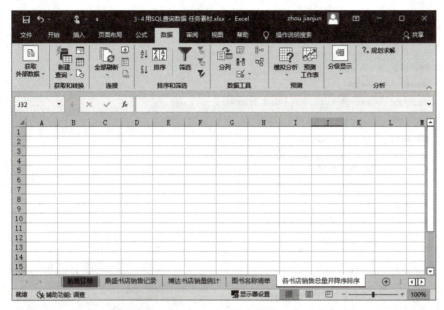

图 3-65　新建工作表

按照前面的步骤进行操作，在"连接属性"对话框中修改连接名称为"任务四"，命令类型为"SQL"，输入命令文本，如图 3-66 所示，其中"命令文本"中的完整代码如下：

select 书店名称 ,sum(销量) as 销量合计
from ［销售订单 $]
group by 书店名称
order by sum(销量) desc

> 思考与点拨：
>
> 　　group by 子句使用有什么要求？
> 　　group by 是用于分组统计的子句，通常配合 sum、avg、count、max、min 等聚合函数使用，完成数据的分组统计，其效果类似于分类汇总。group by 后面跟分组依据的字段名，特别需要注意的是 group by 后面的字段名须同时出现在 select 后面；select 后面的字段名或是分组依据字段名，或放在聚合函数中。

单击"连接属性"对话框中的"确定"按钮，符合查询条件的数据如图 3-67 所示。

图 3-66 任务四的连接属性设置

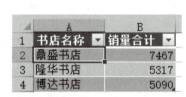

图 3-67 任务四运行结果

5．查询销售数量合计达到 800 本以上的图书作者以及销量并按销量降序排序

在上述工作簿中新建一个工作表，命名为"销售数量合计达到 800 本以上的图书作者以及销量"，选中 A1 单元格，如图 3-68 所示。

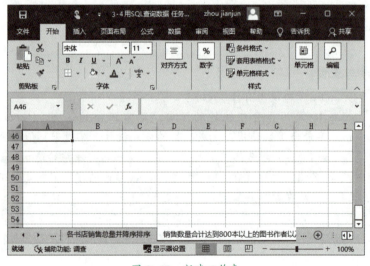

图 3-68 新建工作表

按照前面的步骤进行操作，在"连接属性"对话框中修改连接名称为"任务五"，命令类型为"SQL"，输入命令文本，如图 3-69 所示，其中"命令文本"中的完整代码如下：

select 图书作者 ,sum(销量) as 销量合计
from [销售订单 $]
group by 图书作者
having sum(销量)>=100
order by sum(销量) desc

> **思考与点拨：**
> 1. having 子句的作用和用法是怎样的？
> where 子句和 having 子句的作用都是筛选过滤，不同之处在于 where 用于对数据表的原始数据做筛选，而 having 子句的作用是对查询结果做进一步筛选，通常还要配合聚合函数使用。
> 2. 查询语句的多个子句同时使用时有没有顺序要求？
> 复杂的查询需要同时使用多个子句，这些子句的顺序必须严格符合语法规定，不能随意改变位置。

图 3-69　任务五的连接属性设置

📖 **任务小结**

结构化查询语言——SQL 是一种广泛用于主流数据库管理系统的数据库查询和程序设计语言，也适用于 Excel 中。在 Excel 中进行数据管理分析时，最常用的是 SELECT 语句，通过不同子句和函数的配合使用，可以完成较为复杂的分析和统计查询，尽管这些操作大多可以通过 Excel 的筛选、分类汇总等可视化操作来实现，但 SQL 具有灵活快捷的优势。在 Excel 中使用 SQL 一般通过"现有连接"功能来实现，操作过程中最核心的是查询命令的书写，必须严格符合 SQL 的语法规定，还需特别注意标点符号的使用规范。

✏️ **实践训练**

打开素材文件，查看某连锁书店的销售清单，如图 3-70 所示，请用 SQL 语句完成以下查询任务：

1. 查询作者"王雅林"所编写的图书书名，返回"图书名称"和"图书作者"两列，相同的书只显示一次。
2. 统计三个书店的销售订单数量，按降序排序。
3. 查询销售记录在 100 笔以上的图书名称和销售笔数，并按降序排序。

订单编号	日期	书店名称	图书名称	图书作者	销量
BY-08001	2012年1月2日	鼎盛书店	《Office商务办公好帮手》	孟天祥	12
BY-08002	2012年1月4日	博达书店	《Excel办公高手应用案例》	陈祥通	5
BY-08003	2012年1月4日	博达书店	《Word办公高手应用案例》	王天宇	41
BY-08004	2012年1月5日	博达书店	《PowerPoint办公高手应用案例》	方文成	21
BY-08005	2012年1月6日	鼎盛书店	《OneNote万用电子笔记本》	钱顺卓	32
BY-08006	2012年1月9日	鼎盛书店	《Outlook电子邮件应用技巧》	王素江	3
BY-08007	2012年1月9日	博达书店	《Office商务办公好帮手》	黎浩然	1
BY-08008	2012年1月10日	鼎盛书店	《SharePoint Server安装、部署与开发》	刘露露	3
BY-08009	2012年1月10日	博达书店	《Excel办公高手应用案例》	陈祥通	43
BY-08010	2012年1月11日	隆华书店	《SharePoint Server安装、部署与开发》	徐志晨	22
BY-08011	2012年1月11日	鼎盛书店	《OneNote万用电子笔记本》	张哲宇	31
BY-08012	2012年1月12日	隆华书店	《Excel办公高手应用案例》	王炫皓	19
BY-08013	2012年1月12日	鼎盛书店	《Exchange Server安装、部署与开发》	王涛德	43
BY-08014	2012年1月13日	隆华书店	《Office商务办公好帮手》	谢丽秋	39
BY-08015	2012年1月15日	鼎盛书店	《Outlook电子邮件应用技巧》	王素江	30
BY-08016	2012年1月16日	鼎盛书店	《PowerPoint办公高手应用案例》	关天胜	43
BY-08017	2012年1月16日	鼎盛书店	《PowerPoint办公高手应用案例》	唐小姐	40
BY-08018	2012年1月17日	鼎盛书店	《Word办公高手应用案例》	钱顺卓	44
BY-08019	2012年1月18日	鼎盛书店	《Office商务办公好帮手》	刘长辉	33
BY-08020	2012年1月19日	鼎盛书店	《OneNote万用电子笔记本》	李晓梅	35
BY-08021	2012年1月22日	博达书店	《SharePoint Server安装、部署与开发》	方文成	22
BY-08022	2012年1月23日	博达书店	《SharePoint Server安装、部署与开发》	王雅林	38
BY-08023	2012年1月24日	隆华书店	《Outlook电子邮件应用技巧》	谢丽秋	5
BY-08024	2012年1月24日	鼎盛书店	《OneNote万用电子笔记本》	王素江	32

图 3-70　销售清单

项目 4
数据可视化表达

任务 1 图表设计制作

任务目的

1. 掌握柱形图的创建。
2. 掌握饼图的创建。
3. 掌握图表的修改操作。

工作任务

打开素材文件,查看金城科技公司业务员工资表,如图 4-1 所示。为直观比较各业务员工资高低情况,需制作如图 4-2 所示的柱形图;为分析各个业务员对完成业务数据的贡献情况,需制作如图 4-3 所示的饼图。

	A	B	C	D	E
1	金城科技公司业务员工资表				
2	姓名	基本工资	完成业务	业务提成	合计
3	张萌	2000	4900	245	2245
4	刘李	2000	8900	445	2445
5	谢华	2000	5400	270	2270
6	陈樱	3000	11900	595	3595
7	李新	4000	54140	2707	6707
8	陈丽萍	5000	65000	3250	8250
9	张宏波	5000	180000	9000	14000

图 4-1 初始数据

图 4-2 柱形图最终效果

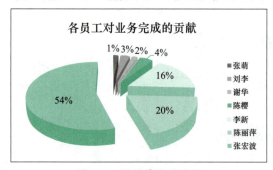

图 4-3 饼图最终效果图

知识链接

图表是数据的一种直观展示形式，使工作表数据更易于理解和交流。Excel 支持生成多种类型的图表，例如柱形图、饼图、条形图、折线图等，实际工作中需要根据信息展示的重点选择合适的图表类型。例如：当需要直观比较数据的大小时，优先选择柱形图或条形图；当需要直观展示数据构成比例时，优先选择饼图；当需要展示数据的变化趋势时，则优先选择折线图或散点图。

任务实施

1．制作数据表格

在 Excel 中制作如图 4-4 所示的表格，其中灰色区域的数据需要通过编辑公式进行计算，计算方法为：业务提成 = 完成业务 ×5%；合计 = 基本工资 + 业务提成。

图表设计制作

	A	B	C	D	E
1	金城科技公司业务员工资表				
2	姓名	基本工资	完成业务	业务提成	合计
3	张萌	2000	4900	245	2245
4	刘李	2000	8900	445	2445
5	谢华	2000	5400	270	2270
6	陈樱	3000	11900	595	3595
7	李新	4000	54140	2707	6707
8	陈丽萍	5000	65000	3250	8250
9	张宏波	5000	180000	9000	14000

图 4-4　初始数据

2．制作反映各位员工基本工资、业务提成及合计三个工资项目的三维柱形图

确定并选择所需数据：由于需要员工的姓名及基本工资、业务提成和合计三个工资项目，故涉及表格中的四列数据。选中 A2:A9 的姓名列，按住键盘上的 Ctrl 键，再依次选中 B2:B9 的基本工资列，以及 D2:E9 的业务提成和合计两列，这样选中了所需的四列。

插入图表：单击"插入"选项卡下的"柱形图"按钮，在列表中选择"三维柱形图"样式，即可完成柱形图的插入，初始效果如图 4-5 所示。

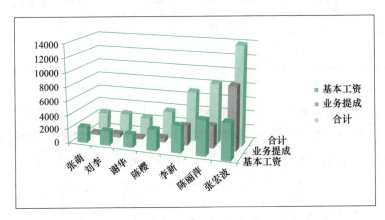

图 4-5　图表初始效果图

更改旋转角度：在图标的空白处右击鼠标，在弹出的菜单中选择"三维旋转"命令，在"设置图表区格式"对话框中勾选"直角坐标轴"，摆正图表。

为图表添加标题：单击图表的边框选中图表，单击"图表工具|布局"选项卡下的"图表标题"按钮，在列表中选择"图表上方"，然后在图表上方的文本框中输入标题"金城科技公司业务员工资柱形图"。

调整图表区大小：在图表的空白处右击鼠标，在弹出的菜单中选择"设置图表区格式"命令，在"设置图表区格式"对话框中找到"大小"类别，将高度设置为"12厘米"，宽度设置为"20厘米"。

设置文字格式：单击图表标题文字"金城科技公司业务员工资柱形图"，在"开始"选项卡下，将标题文字设置为"20号""仿宋"。

添加数据表格：单击图表边框选中图表，单击"图表工具|设计"选项卡下"图表布局"中的"布局5"类型，选中图表左侧文字"坐标轴标题"，将其删除，效果如图4-6所示。

图4-6　三维柱形图效果图

设置图表背景墙和基底：单击选中图表背景墙区域，单击"图表工具|布局"选项卡下的"图表背景墙"按钮，在列表中选择"其他背景墙选项"，在弹出的"设置背景墙格式"对话框中设置填充色为"纯色填充"，采用"白色，背景1，深色15%"；单击选中图表基底，将基底设置为"白色，背景1，深色35%"。

更改柱形颜色：单击"基本工资"系列的任意柱形实现选中，单击"开始"选项卡下的"填充颜色"按钮，将填充色设置为"黄色"。

更改坐标轴格式：右击图表左侧的纵坐标刻度，在弹出的菜单中选择"设置坐标轴格式"命令，在"坐标轴选项"类型中设置"主要刻度单位"为"固定值""1000"。

完成以上要求后的最终效果图如图4-7所示。

图 4-7　三维柱形图最终效果

3．制作反映"完成业务"数据构成的饼图

饼图一般用来表达一个总数据的构成比例。为反映各位员工对完成总业务的贡献程度，这里用饼图来展示数据。

插入饼图：选中单元格区域 A3:A9，按住 Ctrl 键，再选中 C3:C9，实现单元格区域的多选。单击"插入"选项卡下的"饼图"按钮，在列表中选择"分离型三维饼图"，插入的饼图初始效果如图 4-8 所示。

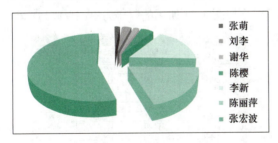

图 4-8　饼图初始效果

编辑饼图：单击图表区边框选中图表，在图表上方添加"图标标题"为"各员工对业务完成的贡献"。单击图表区边框选中图表，单击"图表工具|布局"选项卡下的"数据标签"按钮，在列表中选择"其他数据标签选项…"，在"标签包括"下勾选"百分比"和"显示引导线"，不要勾选"值"，单击"关闭"完成设置。最终效果如图 4-9 所示。

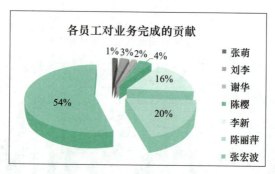

图 4-9　饼图最终效果图

任务小结

图表是数据的直观表达形式，在展示数据时要牢记"字不如表，表不如图"。Excel 支持的图表类型很多，需要根据数据的展示重点来选择合适的图表类型，例如是要展示大小、构成还是变化趋势。选定图表类型后，正确选择数据区域是制作图表的关键；同时，对图表标题、颜色、字体、字号进行合理设置，优化图表外观也是十分必要的。

实践训练

打开素材文件，某物流企业记录了近两年每月的订单配送时效达标率，如图 4-10 所示，请制作如图 4-11 所示的以年为单位反映达标率变化的折线图。

	A	B	C	D
1	时间	配送单数	时效达标单数	时效达标率
2	2020-1	16290	14335	88%
3	2020-2	16651	14819	89%
4	2020-3	17700	15222	86%
5	2020-4	18188	15278	84%
6	2020-5	17740	16143	91%
7	2020-6	16364	14891	91%
8	2020-7	17251	15353	89%
9	2020-8	15620	13746	88%
10	2020-9	17663	15897	90%
11	2020-10	19843	18057	91%
12	2020-11	18812	17307	92%
13	2020-12	15797	14375	91%
14	2021-1	18613	16752	90%
15	2021-2	17896	16643	93%
16	2021-3	17034	15671	92%
17	2021-4	15191	14280	94%
18	2021-5	17410	16540	95%
19	2021-6	19408	18826	97%
20	2021-7	17775	17064	96%
21	2021-8	18879	18313	97%
22	2021-9	19008	18628	98%
23	2021-10	18809	18621	99%
24	2021-11	18992	18422	97%
25	2021-12	19270	18885	98%

图 4-10　基础数据

图 4-11　图表效果图

任务 2　数据仪表板设计

任务目的

1. 熟练掌握数据透视表的创建。
2. 熟练掌握折线图、柱形图、条形图、饼图的创建。
3. 掌握切片器的概念和使用。
4. 掌握数据仪表板的数据查看。

工作任务

打开素材文件，查看某图书连锁超市的销售记录表，如图 4-12 所示，记录了图书的销售日期、发货仓库、图书名称、类别、销量、收货地址、客户区域等信息。

为方便数据分析和查看，需要制作如图 4-13 所示的数据仪表板，仪表板中包括发货仓库、类别两个筛选区域，用于指定筛选条件，当选中相应的发货仓库和类别时，下方的四个图表分别直观展示相应统计数据：“销量走势”折线图展示指定条件下每个月的销量变化趋势，“各发货仓销量总计”柱形图展示在指定条件下的各仓销售合计值，“各地区销量汇总”条形图展示指定条件下销量前十的区域，“各类别图书销量构成”饼图展示给定条件下的各类图书销量在总销量中的占比。

	A	B	C	D	E	F	G	H	I	J	K
1	订单编号	日期	发货仓库	图书编号	图书名称	类别	单价	销量	小计	收货地址	客户区域
2	BTW-08001	2021/1/2	鼎盛仓	BK-83021	算机基础及MS Office应	办公软件类	36	12	432	福建省厦门市思明区莲岳路118号中烟大厦1702室	福建省
3	BTW-08002	2021/1/4	博达仓	BK-83033	《嵌入式系统开发技术》	程序设计类	44	5	220	广东省深圳市南山区蛇口港湾大道2号	广东省
4	BTW-08003	2021/1/4	博达仓	BK-83034	《操作系统原理》	计算机原理类	39	41	1599	上海市闵行区浦星路699号	上海市
5	BTW-08004	2021/1/5	博达仓	BK-83027	《MySQL数据库程序设计》	程序设计类	40	21	840	上海市浦东新区世纪大道100号上海环球金融中心56楼	上海市
6	BTW-08005	2021/1/6	鼎盛仓	BK-83028	《MS Office高级应用》	办公软件类	39	32	1248	海南省海口市琼山区红城湖路22号	海南省
7	BTW-08006	2021/1/9	鼎盛仓	BK-83029	《网络技术》	网络技术类	43	3	129	云南省昆明市官渡区拓东路6号	云南省
8	BTW-08007	2021/1/9	博达仓	BK-83030	《数据库技术》	数据库技术类	41	1	41	广东省深圳市龙岗区坂田	广东省
9	BTW-08008	2021/1/10	鼎盛仓	BK-83031	《软件测试技术》	程序设计类	36	3	108	江西省南昌市西湖区洪城路289号	江西省
10	BTW-08009	2021/1/10	博达仓	BK-83035	《计算机组成与接口》	计算机原理类	40	43	1720	北京市海淀区东北旺西路8号	北京市
11	BTW-08010	2021/1/11	隆华仓	BK-83022	算机基础及Photoshop应	办公软件类	34	22	748	北京市西城区西绒线胡同51号中国会	北京市
12	BTW-08011	2021/1/11	鼎盛仓	BK-83023	《C语言程序设计》	程序设计类	42	31	1302	贵州省贵阳市云岩区中山西路51号	贵州省
13	BTW-08012	2021/1/12	隆华仓	BK-83032	《信息安全技术》	信息安全类	39	19	741	贵州省贵阳市中山西路51号	贵州省
14	BTW-08013	2021/1/12	鼎盛仓	BK-83036	《数据库原理》	数据库技术类	37	43	1591	辽宁省大连中山区长江路123号大连日航酒店4层清苑厅	辽宁省
15	BTW-08014	2021/1/13	隆华仓	BK-83024	《VB语言程序设计》	程序设计类	38	39	1482	四川省成都市城市名人酒店	四川省
16	BTW-08015	2021/1/15	鼎盛仓	BK-83025	《Java语言程序设计》	程序设计类	39	30	1170	山西省大同市南城墙永泰西门	山西省
17	BTW-08016	2021/1/16	鼎盛仓	BK-83026	《Access数据库程序设计》	程序设计类	41	43	1763	浙江省杭州市西湖区北山路78号香格里拉饭店东楼1栋555房	浙江省
18	BTW-08017	2021/1/16	鼎盛仓	BK-83037	《软件工程》	程序设计类	43	40	1720	浙江省杭州市西湖区紫金港路21号	浙江省
19	BTW-08018	2021/1/17	鼎盛仓	BK-83021	算机基础及MS Office应	办公软件类	36	44	1584	北京市西城区阜成门外大街29号	北京市

图 4-12　图书销售记录

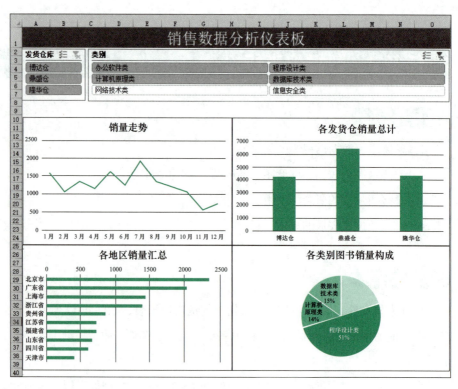

图 4-13　销售数据分析仪表板

项目 4　数据可视化表达

知识链接

1. 数据透视表和数据透视图

数据透视表是一种快速汇总大量数据的交互式工具，通过数据透视表用户可以快速对数据表进行浏览、汇总、分析和提取摘要数据，数据透视表在前面的项目中已经进行了深入的介绍。

数据透视图为关联数据透视表中的数据提供其图形表示形式。与标准图表相同，数据透视图可以显示数据系列、类别、数据标记和坐标轴等，也可以更改图表类型和其他选项，例如标题、图例放置、数据标签、图表位置等。通过选择合适的数据透视图类型并合理编排，可以实现数据仪表板的效果。

2. 筛选器

在 Excel 2016 版中，可以使用筛选器来进行数据筛选。筛选器是易于使用的筛选组件，包含了一组按钮，不需要打开下拉列表就能够快速地筛选数据透视表中的数据。除了快速筛选，筛选器还会指示当前筛选状态，以便轻松、准确地了解已筛选的数据透视表中的内容。

Excel 2016 版中的筛选器分为日程表和切片器两种。日程表主要用于按照年、季、月、日对日期类数据进行筛选，切片器主要用于筛选非日期类型的数据。数据透视表中可以建立一个或多个筛选器，以便从多个角度查看数据。在有筛选器的透视表中，单击切片器提供的按钮或日程表的时间，可以对透视表中的数据进行筛选。

任务实施

1. 创建反映每月销量合计的数据透视表和数据透视图

选中"订单明细表"的 A1:K635 单元格区域，单击"插入"选项卡下"数据透视表"，在下拉列表中选择"表格和区域"，出现如图 4-14 所示的对话框，将"选择放置数据透视表的位置"选择"新工作表"，单击"确定"按钮。

在窗口右侧"数据透视表字段"中将"日期"字段拖动至行标签，将"销量"拖动至"值"区域，形成数据透视表预览效果；右击数据透视表"行标签"下的任意值，将日期组合的"步长"设置为"月"，如图 4-15 所示。创建好的数据透视表如图 4-16 所示。

数据仪表板设计

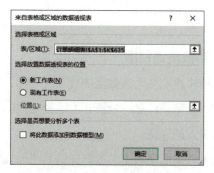

图 4-14　插入数据透视表

图 4-15　编辑数据透视表

行标签	求和项：销量
1月	1708
2月	1145
3月	1515
4月	1336
5月	1797
6月	1477
7月	2141
8月	1642
9月	1389
10月	1105
11月	684
12月	825
总计	**16764**

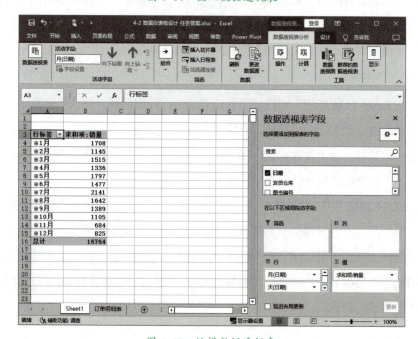

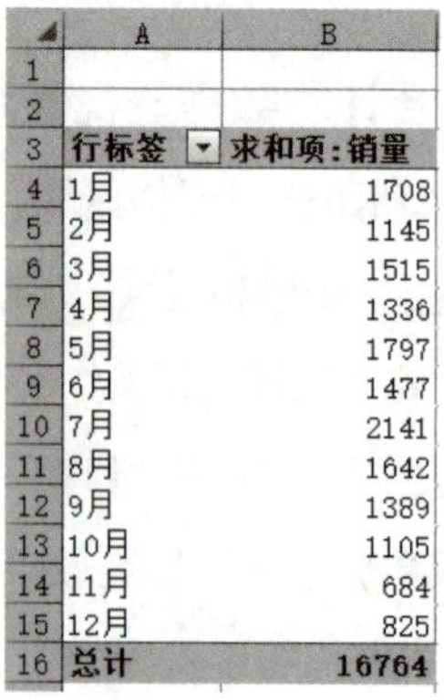

图 4-16　反映每月销量合计的数据透视表

2. 创建反映各发货仓销量总计的数据透视表

选中并复制上一步创建的数据透视表区域，在右侧隔一列粘贴，单击选中复制的数据透视表，调整右侧"数据透视表字段"对话框中的字段布局，删除"行"标签下的"月"字段，将"发货仓库"拖动到"行"标签，其余无须改动，形成反映各发货仓销量总计的数据透视表，如图 4-17 所示。

行标签	求和项：销量
博达仓	4733
鼎盛仓	7047
隆华仓	4984
总计	16764

图 4-17 反映各发货仓销量总计的数据透视表

3. 创建反映各地区销量汇总的数据透视表

选中并复制上一步创建的数据透视表，在右侧隔一列粘贴，单击选中复制的数据透视表，调整右侧"数据透视表字段"对话框中的字段布局，删除"行"标签中的"发货仓库"字段，将"客户区域"字段拖动至"行"标签；在生成的数据透视表预览效果中单击"求和项：销量"下的任意值，单击"数据"选项卡"降序"按钮，实现按照销量合计降序排序。单击"行标签"下拉列表，在"值筛选"子菜单中选择"前 10 项"，在对话框中设置为根据销量求和显示最大的 10 项，其余无须改动。创建好的数据透视表如图 4-18 所示。

4. 创建反映不同图书销量合计的数据透视表

选中并复制上一步创建的数据透视表，在右侧隔一列粘贴，单击选中复制的数据透视表，调整右侧"数据透视表字段"对话框中的字段布局，删除"行"标签中的"客户区域"字段，将"图书名称"字段拖动至"行"标签，设置"求和项：销量"降序排序，其余无须改动。创建好的数据透视表如图 4-19 所示。

行标签	求和项：销量
北京市	2722
广东省	2283
上海市	1573
浙江省	1414
贵州省	900
福建省	829
江苏省	812
山东省	692
四川省	657
河北省	530
总计	12412

图 4-18 反映各地区销量汇总的数据透视表

行标签	求和项：销量
《计算机组成与接口》	1488
《软件测试技术》	1316
《数据库技术》	1315
《C语言程序设计》	1275
《计算机基础及Photoshop应用》	1262
《信息安全技术》	992
《数据库原理》	991
《Access数据库程序设计》	927
《Java语言程序设计》	919
《软件工程》	905
《MS Office高级应用》	892
《计算机基础及MS Office应用》	855
《VB语言程序设计》	847
《嵌入式系统开发技术》	729
《MySQL数据库程序设计》	720
《网络技术》	678
《操作系统原理》	653
总计	16764

图 4-19 反映不同图书销量合计的数据透视表

5. 创建反映每月销量合计的数据透视图

选中反映每月销量合计的数据透视表，单击"插入"选项卡下的"数据透视图"，在"插入图表"对话框中选择"折线图"，插入的折线图如图 4-20 所示。

右击上方"求和项：销量"，在右键快捷菜单中选择"隐藏图表上的所有字段按钮"，将图表标题更改为"销量走势"，删除右侧的"汇总"图例项，创建完成的折线图如图 4-21 所示。

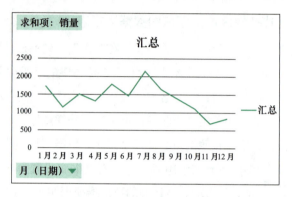

图 4-20 折线图预览效果

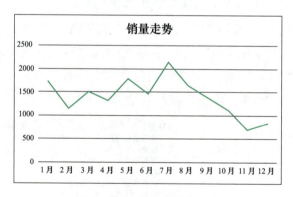

图 4-21 创建完成的折线图

6. 创建反映各发货仓销量总计的数据透视图

选中反映各发货仓销量合计的数据透视表，单击"插入"选项卡下的"数据透视图"，在"插入图表"对话框中选择"簇状柱形图"，插入柱形图后，参考上一步的方法隐藏字段按钮，删除图例，将图表标题更改为"各发货仓销量总计"，创建完成的柱形图如图 4-22 所示。

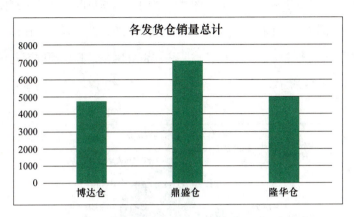

图 4-22 创建完成的簇状柱形图

7．创建反映各地区销量汇总的数据透视图

选中反映各地区销量汇总的数据透视表，单击"插入"选项卡下的"数据透视图"，在"插入图表"对话框中选择"簇状条形图"，插入条形图后，参考上一步的方法隐藏字段按钮，删除图例，将图表标题更改为"各地区销量汇总"。右击图表纵轴，在"设置坐标轴格式"中勾选"逆序类别"，创建完成的柱形图如图 4-23 所示。

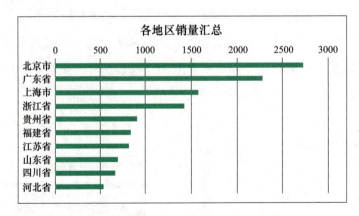

图 4-23 创建完成的簇状条形图

8．创建反映不同图书销量占比的饼图

选中反映不同图书销量合计的数据透视表，单击"插入"选项卡下的"数据透视图"，在"插入图表"对话框中选择"饼图"，插入饼图后，参考

上一步的方法隐藏字段按钮,删除图例,将图表标题更改为"各类别图书销量构成"。右击饼图,在右键快捷菜单中选择"添加数据标签",在"设置数据标签格式"对话框中勾选"类别名称"和"百分比",其余项取消勾选,生成的饼图如图 4-24 所示。

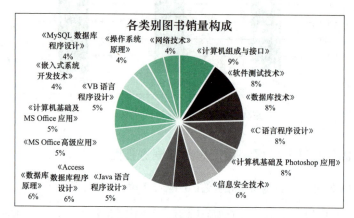

图 4-24 创建完成的饼图

9. 插入"切片器"

在任何一个数据透视表区域中单击鼠标左键,单击"插入"选项卡的"切片器",勾选"发货仓库"和"类别"两个字段,如图 4-25 所示。

右击"发货仓库"切片器,在右键快捷菜单中选择"报表连接",在如图 4-26 所示的对话框中勾选所有数据透视表。对"类别"切片器进行相同的设置。

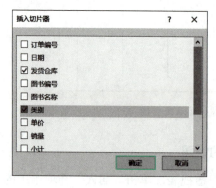

图 4-25 插入切片器对话框

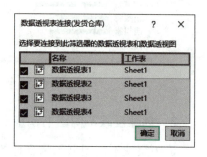

图 4-26 切片器报表连接

10. 仪表板排列设置

新建一个空白工作表，单击"视图"选项卡，取消勾选"网格线"；将上述的四个数据透视图和两个切片器剪切至新建工作表中，并参考效果图 4-13 进行排列，在工作表上方输入"销售数据分析仪表板"，并设置蓝色底纹；将两个切片器拖动至图片上方区域，选择"类别"切片器，在"切片器工具|切片器"选项卡下将切片器设置为 2 列显示，将"切片器样式"设置为"玫瑰红，切片器样式浅色 2"，适当调整切片器的宽度，排版后的仪表板如图 4-27 所示。

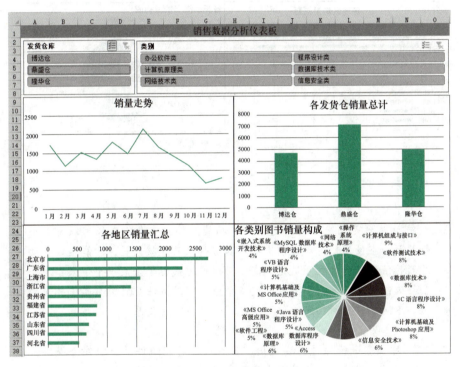

图 4-27　仪表板外观设计

11. 仪表板数据查看操作

以查看鼎盛仓发货的程序设计类图书销售数量为例介绍仪表板的使用：在"发货仓库"切片器中仅选择"鼎盛仓"，保持其玫瑰红色显示状态，在"类别"切片器中仅选择"程序设计类"，下方自动呈现出符合条件的数据图表，如图 4-28 所示。

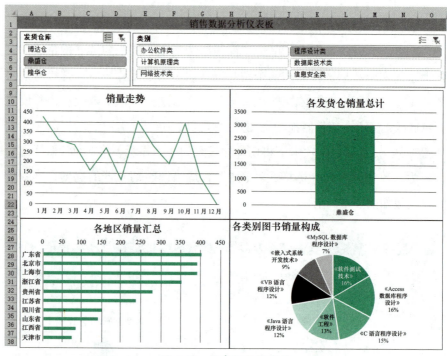

图 4-28 仪表板数据查看

> **思考与点拨：**
>
> 1. 如何使用已添加的切片器？
>
> 切片器是用来指定筛选条件的功能组件，一个仪表板可以有多个切片器。在使用切片器之前需要对其进行报表连接设置，才能生效。切片器的值默认全部处于选定状态，可以通过鼠标单击某一个值来指定一个筛选条件，如果需要同时选定多个值，可以按住 Ctrl 键再单击相应的值。不同切片器所指定条件之间是逻辑"与"的关系。
>
> 2. 仪表板中如何对日期进行筛选？
>
> 对日期进行筛选需要使用"日程表"功能组件，该组件会提供一个时间线，用户可以拖动滑块来确定起始日期和终止日期。

任务小结

仪表板很好地解决了数据的多维度可视化展示问题。Excel 中可以使用图表的组合来实现简易的仪表板，配合切片器来实现对数据的直观分析展示，而不需要进行复杂的计算过程。值得注意的是，可视化展示的数据往往是包含多个维度的数据，维度和字段对应，而切片器的实质是对字段指定筛选条件，是属于筛选器的一种。在设计仪表板时，合理选择图表类型和创建切片器非常重要。

实践训练

打开素材文件，查看某电商企业的销售出库数据表，如图 4-29 所示，记录了客户下单的时间、区域、订购商品名称、商品类型、订购数量等信息。

订单编号	商品编号	商品名称	商品类型	数	客户ID	收件人	区域	收件地址	下单时间	状态
ON2021090400013	6905183004484	威士雅西洋参片	保健品	1	bd34129855	龙壬蓉	杨浦区	政和路26号	2021-09-04 01:02:00	完成
ON2021090400013	6930044166018	华味亨枣丹(饼)果干系列山楂饼	休闲食品	1	bd34129855	龙壬蓉	杨浦区	政和路26号	2021-09-04 01:02:00	完成
ON2021090400013	6901894121205	白猫去油高效洗洁精	日用百货	2	bd34129855	龙壬蓉	杨浦区	政和路26号	2021-09-04 01:02:00	完成
ON2021090400081	6922655748400	植物花萃手霜	洗涤日化	3	bd79145900	云介	黄浦区	华山路2号	2021-09-04 13:10:00	完成
ON2021090400081	6918598028013	波力海苔 原味	休闲食品	1	bd79145900	云介	黄浦区	华山路2号	2021-09-04 13:10:00	完成
ON2021090400110	6905183004484	威士雅西洋参片	保健品	2	bd79020908	周谷岩	徐汇区	天钥桥路12号	2021-09-04 17:15:00	完成
ON2021090400110	6922697630481	康得4.5高耐热汤煲	家用电器	2	bd79020908	周谷岩	徐汇区	天钥桥路12号	2021-09-04 17:15:00	完成
ON2021090400110	6908309014787	丹芭碧海洋精华洗手液	洗涤日化	1	bd79020908	周谷岩	徐汇区	天钥桥路12号	2021-09-04 17:15:00	完成
ON2021090400127	6902088106046	夏士莲修护焗油洗发水	洗涤日化	1	bd49004902	江原婧	宝山区	鹤林路17号	2021-09-04 21:19:00	完成
ON2021090400127	6902088108156	力士水润丝清润发素	洗涤日化	8	bd49004902	江原婧	宝山区	鹤林路17号	2021-09-04 21:19:00	完成
ON2021090400127	6902088305890	力士恒久嫩肤沐浴露	洗涤日化	1	bd49004902	江原婧	宝山区	鹤林路17号	2021-09-04 21:19:00	完成
ON2021090400127	6902088702828	奥妙净蓝全效洗衣粉	洗涤日化	1	bd49004902	江原婧	宝山区	鹤林路17号	2021-09-04 21:19:00	完成
ON2021090400191	6901180313888	富士利威化饼(椰味)	休闲食品	6	bd19097900	张佛	嘉定区	叶城路541号	2021-09-04 20:22:00	完成

图 4-29 某电商企业销售出库数据表

请用数据透视表和数据透视图、切片器等工具制作数据仪表板，当用户选择不同的配送区域时，可直观展示该区域相关销售情况，包括该地区出库量前十的商品、各类型商品的出库量、出库量日变化趋势、各类型商品在总出库量中占比，效果如图 4-30 所示。

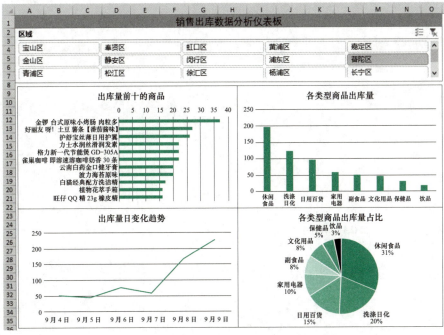

图 4-30 某电商企业销售出库数据分析仪表板

项目 5
仓储管理数据分析

任务 1　商品的 ABC 分类

任务目的

1. 掌握 ABC 分类的原理。
2. 掌握 ABC 分类的划分原则。
3. 熟练使用 Excel 排序、公式编辑进行商品 ABC 分类计算。
4. 理解 ABC 分类管理的应用。

工作任务

某配送中心统计了一个周期内商品的周转量，如表 5-1 所示，请按周转量对商品进行 ABC 分类，分类原则如表 5-2 所示。

表 5-1　商品周转量统计表

序号	货品名称	周转量（箱）
1	统一方便面	100
2	婴儿湿巾	90
3	日月腐乳	90
4	婴儿纸尿裤	2 210
5	亚太记事本	1 470
6	好娃娃薯片	1 000
7	金多多营养米粉	320

109

(续)

序号	货品名称	周转量（箱）
8	婴儿美奶粉	980
9	休闲黑瓜子	890
10	乐纳可茄汁沙丁鱼罐头	260
11	隆达葡萄籽油	680
12	早苗栗子西点蛋糕	500
13	脆香饼干	120
14	神奇松花蛋	430
15	黄老五花生仁	400
16	五粮液原浆	5 750
17	梦阳奶粉	100
18	利鑫达板栗	270
19	黄桃水果罐头	110
20	小白熊奶嘴	3 100
21	金谷精品杂粮营养粥	240
22	华冠芝士微波炉爆米花	200
23	可乐年糕	190
24	轩广章鱼小丸子	130
25	山地玫瑰蒸馏果酒	20
26	鹏泽海鲜锅底	90
27	爱牧云南优质小粒咖啡	90
28	万盛牌瓷砖	70
29	大嫂什锦水果罐头	70
30	雅比沙拉酱	30

表 5-2 ABC 分类原则

分类	库存品种数占比	周转量占比
A	10%～15%	60%～65%
B	25%～30%	25%～30%
C	55%～60%	5%～10%

知识链接

仓库中的货物种类可能多种多样，有些价值高而数量少，有些价值低而数量多，在仓储管理的时候要有针对性地进行重点管理，避免眉毛胡子一把抓。ABC分类法又称帕累托分析法、分类管理法、重点管理法等，是指从商品资金占用、商品订购频次、商品受订数量等角度将商品按照重要程度分为重要库存（A类）、一般重要库存（B类）、不重要库存（C类），如表5-3～表5-6所示。

表5-3 按商品资金占用进行ABC分类

商品类别	年耗用资金占比	品种数占比
A	75%～80%	15%～20%
B	10%～15%	20%～25%
C	5%～10%	60%～65%

表5-4 按商品订购频次进行ABC分类

商品类别	订购频次占比	品项数占比
A	65%～80%	20%～25%
B	15%～20%	25%～30%
C	5%～15%	50%～55%

表5-5 按商品受订数量进行ABC分类

商品类别	受订数量占比	品项数占比
A	65%～80%	20%～25%
B	15%～20%	25%～30%
C	5%～15%	50%～55%

ABC分类是实现库存合理化的基础，可以根据不同的重要等级分别进行管理和控制，基于受订数量的ABC分类管理方法如表5-6所示。

表5-6 基于受订数量的ABC分类管理方法

商品类别	管理方法
A	缩短采购提前期 采用定期订货方法 严格执行盘点，提高库存精度 提高商品机动性，易于出入库
B	采用定量订货方式 常规定期盘点 中量采购
C	采用复合制或定量订货方式以节省手续 简化库存管理手段 安全库存量较大，避免短缺 减少盘点次数和管理工作

商品的 ABC 分类

任务实施

1. 建立 ABC 分类的表格模型

如图 5-1 所示，在原始数据表右侧增加"周转量占比""周转量累积占比""品类数占比""品类数累积占比""分类结果"五个字段。

A	B	C	D	E	F	G	H
序号	货品名称	周转量（箱）	周转量占比	周转量累积占比	品类数占比	品类数累积占比	分类结果
1	一统方便面	100					
2	婴儿湿巾	90					
3	日月腐乳	90					
4	婴儿纸尿裤	2210					
5	亚太记事本	1470					
6	好娃娃薯片	1000					
7	金多多营养米粉	320					
8	婴儿美奶粉	980					
9	休闲黑瓜子	890					
10	乐纳可茄汁沙丁鱼罐头	260					
11	隆达葡萄籽油	680					
12	早苗栗子西点蛋糕	500					
13	脆香饼干	120					
14	神奇松花蛋	430					
15	黄老五花生仁	400					
16	五粮液原浆	5750					
17	梦阳奶粉	100					
18	利鑫达板栗	270					
19	黄桃水果罐头	110					
20	小白熊奶嘴	3100					
21	金谷精品杂粮营养粥	240					
22	华冠芝士微波炉爆米花	200					
23	可乐年糕	190					
24	轩广章鱼小丸子	130					
25	山地玫瑰蒸馏果酒	20					
26	鹏泽海鲜锅底	90					
27	爱牧云南优质小粒咖啡	90					
28	万盛牌瓷砖	70					
29	大嫂什锦水果罐头	70					
30	雅比沙拉酱	30					

图 5-1 ABC 分类表格模型

2. 对数据进行排序

单击"周转量（箱）"字段中的任何位置，再使用"排序和筛选"组中的"排序"按钮 进行降序排序，排序结果如图 5-2 所示。

A	B	C	D	E	F	G	H
序号	货品名称	周转量（箱）	周转量占比	周转量累积占比	品类数占比	品类数累积占比	分类结果
16	五粮液原浆	5750					
20	小白熊奶嘴	3100					
4	婴儿纸尿裤	2210					
5	亚太记事本	1470					
6	好娃娃薯片	1000					
8	婴儿美奶粉	980					
9	休闲黑瓜子	890					
11	隆达葡萄籽油	680					
12	早苗栗子西点蛋糕	500					
14	神奇松花蛋	430					
15	黄老五花生仁	400					
7	金多多营养米粉	320					
18	利鑫达板栗	270					
10	乐纳可茄汁沙丁鱼罐头	260					
21	金谷精品杂粮营养粥	240					
22	华冠芝士微波炉爆米花	200					
23	可乐年糕	190					
24	轩广章鱼小丸子	130					
13	脆香饼干	120					
19	黄桃水果罐头	110					
1	一统方便面	100					
17	梦阳奶粉	100					
2	婴儿湿巾	90					
3	日月腐乳	90					
26	鹏泽海鲜锅底	90					
27	爱牧云南优质小粒咖啡	90					
28	万盛牌瓷砖	70					
29	大嫂什锦水果罐头	70					
30	雅比沙拉酱	30					
25	山地玫瑰蒸馏果酒	20					

图 5-2 周转量降序排序

3. 对各字段进行计算

周转量占比：指每一种商品在总周转量中所占的比例。本例中，在 D2 单元格输入公式 "=C2/SUM(C$2:C$31)"，向下引用至最后一种商品。

周转量累积占比：指从第一行开始逐行对周转量占比数据进行累加。在 E2 单元格中输入公式 "=D2"，在 E3 单元格中输入公式 "=D3+E2"，向下引用至最后一种商品。

品类数占比：指每种商品在总商品数中所占的比例。本例中共 30 种商品，因此每种商品的品类数占比均为 1/30，在 F2 单元格中输入公式 "=1/30"。

品类数累积占比：指从第一行开始逐行对品类数占比进行累加。在 G2 单元中输入公式 "=F2"，在 G3 单元格中输入公式 "=F3+G2"，向下引用至最后一种商品。

以上完成了对四个字段的数据计算，设置这四个字段的数据格式为百分比样式，保留两位小数，最终效果如图 5-3 所示。

	A	B	C	D	E	F	G	H
1	序号	货品名称	周转量（箱）	周转量占比	周转量累积占比	品类数占比	品类数累积占比	分类结果
2	16	五粮液原浆	5750	29%	29%	3%	3%	
3	20	小白熊奶嘴	3100	16%	44%	3%	7%	
4	4	婴儿纸尿裤	2210	11%	55%	3%	10%	
5	5	亚太记事本	1470	7%	63%	3%	13%	
6	6	好娃娃薯片	1000	5%	68%	3%	17%	
7	8	婴儿美奶粉	980	5%	73%	3%	20%	
8	9	休闲黑瓜子	890	4%	77%	3%	23%	
9	11	隆达葡萄籽油	680	3%	80%	3%	27%	
10	12	早苗栗子西点蛋糕	500	3%	83%	3%	30%	
11	14	神奇松花蛋	430	2%	85%	3%	33%	
12	15	黄老五花生仁	400	2%	87%	3%	37%	
13	7	金多多营养米粉	320	2%	89%	3%	40%	
14	18	利鑫达板栗	270	1%	90%	3%	43%	
15	10	乐纳可茄汁沙丁鱼罐头	260	1%	91%	3%	47%	
16	21	金谷精品杂粮营养粥	240	1%	93%	3%	50%	
17	22	华冠芝士微波炉爆米花	200	1%	94%	3%	53%	
18	23	可乐年糕	190	1%	94%	3%	57%	
19	24	轩广童鱼小丸子	130	1%	95%	3%	60%	
20	13	脆香饼干	120	1%	96%	3%	63%	
21	19	黄桃水果罐头	110	1%	96%	3%	67%	
22	1	一统方便面	100	1%	97%	3%	70%	
23	17	梦阳奶粉	100	1%	97%	3%	73%	
24	2	婴儿湿巾	90	0%	98%	3%	77%	
25	3	日月腐乳	90	0%	98%	3%	80%	
26	26	鹏泽海鲜锅底	90	0%	99%	3%	83%	
27	27	爱牧云南优质小粒咖啡	90	0%	99%	3%	87%	
28	28	万盛牌瓷砖	70	0%	99%	3%	90%	
29	29	大嫂什锦水果罐头	70	0%	100%	3%	93%	
30	30	雅比沙拉酱	30	0%	100%	3%	97%	
31	25	山地玫瑰蒸馏果酒	20	0%	100%	3%	100%	

图 5-3　ABC 分类数据计算

4. ABC 分类

按照分类原则，A 类商品的周转量累积占比上限为 65%，品类数占比上限为 15%，且要求两个指标同时满足，观察 E 列和 F 列的数据，确定出前四种商品为 A 类商品；B 类商品的周转量累积占比上限为 95%（即 A 类上限 65% 与 B 类上限 30% 相加），品类数累积占比上限为 45%（即 A 类上限 15% 与

B 类上限 30% 相加），且要求两个指标同时满足，确定出中间的九种商品为 B 类商品；其余为 C 类商品。分类结果如图 5-4 所示。

序号	货品名称	周转量（箱）	周转量占比	周转量累积占比	品类数占比	品类数累积占比	分类结果
16	五粮液原浆	5750	29%	29%	3%	3%	A
20	小白熊奶嘴	3100	16%	44%	3%	7%	A
4	婴儿纸尿裤	2210	11%	55%	3%	10%	A
5	亚大记事本	1470	7%	63%	3%	13%	A
6	好娃娃薯片	1000	5%	68%	3%	17%	B
8	婴儿美奶粉	980	5%	73%	3%	20%	B
9	休闲黑瓜子	890	4%	77%	3%	23%	B
11	隆达葡萄籽油	680	3%	80%	3%	27%	B
12	早苗菓子西点蛋糕	500	3%	83%	3%	30%	B
14	神奇松花蛋	430	2%	85%	3%	33%	B
15	黄老五花生仁	400	2%	87%	3%	37%	B
7	金多多营养米粉	320	2%	89%	3%	40%	B
18	利鑫达板栗	270	1%	90%	3%	43%	B
10	乐纳可茄汁沙丁鱼罐头	260	1%	91%	3%	47%	C
21	金谷精品杂粮营养粥	240	1%	93%	3%	50%	C
22	华冠芝士微波炉爆米花	200	1%	94%	3%	53%	C
23	可乐年糕	190	1%	94%	3%	57%	C
24	轩广章鱼小丸子	130	1%	95%	3%	60%	C
13	脆香饼干	120	1%	96%	3%	63%	C
19	黄桃水果罐头	110	1%	96%	3%	67%	C
1	一统方便面	100	1%	97%	3%	70%	C
17	梦阳奶粉	100	1%	97%	3%	73%	C
2	婴儿湿巾	90	0%	98%	3%	77%	C
3	日月腐乳	90	0%	98%	3%	80%	C
26	鹏泽海鲜锅底	90	0%	99%	3%	83%	C
27	爱牧云南优质小粒咖啡	90	0%	99%	3%	87%	C
28	万盛牌瓷砖	70	0%	99%	3%	90%	C
29	大嫂什锦水果罐头	70	0%	100%	3%	93%	C
30	雅比沙拉酱	30	0%	100%	3%	97%	C
25	山地玫瑰蒸馏果酒	20	0%	100%	3%	100%	C

图 5-4 ABC 分类结果

> **思考与点拨：**
>
> 1. ABC 分类的实际意义是什么？
>
> 商品的 ABC 分类是仓储管理中不可回避的基础性工作，决定了仓储管理的科学性；在职业院校技能比赛中，也属于必须掌握的技能。
>
> 2. 在计算出周转量累积占比和品类数累积占比后 ABC 分类是如何确定的？
>
> 先观察一个指标，例如先观察周转量累积占比，可以用边框线将 ABC 每一类别的上限标记出来；然后再观察另外一个指标，也同样将 ABC 每一类的上限标记出来。同时满足两个指标的商品归为同一类。

🎓 任务小结

ABC 分类是实现仓储优化管理的前提，用于指导商品的库位分配和订货决策。要做好商品的 ABC 分类，须同时计算商品品类占比、品类数累积占比、周转量占比、周转量累积占比四个指标，然后按照 ABC 分类的原则，决定每一类的起始行和结束行，最终确定 ABC 分类。计算过程中要注意累积周转量或累积品类数占比的计算公式，通过公式引用巧妙地实现累加。

> **实践训练**

表 5-7 是某配送中心一段时间内休闲食品类商品的订购数据，请根据受订数量对商品进行 ABC 分类。分类原则：受订数量累积占比 A 类为 0～70%（含 70%）、B 类为 70%～90%（含 90%）、C 类为 90%～100%（含 100%）；品项累积占比 A 类为 0～25%（含 25%）、B 类为 25%～55%（含 55%）、C 类为 55%～100%（含 100%）。

表 5-7　某配送中心一段时间内的商品订购数量统计

商品名称	受订数量（箱）
ORION/ 好丽友 蘑古力	63
POHHN 小牛大奶牛巧克力威化饼干	29
Q 蒂多层蛋糕摩卡巧克力味	31
奥利奥 巧克力味夹心饼干	15
波力海苔 原味	248
卜珂 曲奇	17
疯酥酥糕点小点心 一品蛋酥 原味蔓越莓	37
顾大嫂重庆酸辣粉	52
好吃点 香脆核桃饼	15
好丽友呀！土豆薯条（番茄酱味）	270
华味亨果丹（饼）果干系列山楂饼	35
嘉士利 香薄趣芝麻薄脆饼干	80
嘉士利通心饼	13
嘉士利威化饼（椰味）	261
嘉士利早餐饼	20
金锣 台式原味小烤肠 肉粒多	221
卡夫亿滋闲趣饼干	48
乐事无限薯片	58
溜溜梅雪梅	271
趣多多 香浓巧克力味香脆曲奇	21
雀巢咖啡 速溶咖啡奶香 30 条	262
上好佳 硬质糖果 120g/ 袋	12
双汇火腿肠 泡面拍档	11
旺仔 QQ 糖 23g 橡皮糖	72
喜之郎 VC 果冻爽	19
喜之郎什锦果肉果冻	30
喜之郎优酪果冻爽	17

任务 2　商品的相关性分析

任务目的

1. 掌握商品相关性分析的目的和意义。

2. 掌握置信度和支持度相关概念。

3. 掌握使用 Excel 高级筛选、数据透视表等工具进行商品相关性分析的操作步骤。

工作任务

打开素材文件，查看某配送中心的出库数据，如图 5-5 所示。请对数据进行统计，对“黄金搭档（儿童青少年）”商品进行相关性分析，判断“黄金搭档（女士）”“威士雅金丝燕窝”“张裕葡萄酒礼盒”“剑南春 52 度”四种商品是否是“黄金搭档（儿童青少年）”的相关性商品，要求最小支持度为 0.03，最小置信度为 0.4。

	A	B	C	D	E	F	G	H	I	J	K	L
2	订单编号	商品编号	商品名称	商品类型	数量	客户编号	客户名称	收件人	收件地	收件地址	下单时间	状态
3	ON2021090400013	6905183004484	威士雅西洋参片	保健品	1	CUS17071462	bd34129855	龙壬薇	杨浦区	政和路26号	2021-09-04 01:02:00	完成
4	ON2021090400013	6930044166018	华味亨果丹(饼)果干系列山楂饼	休闲食品	1	CUS17071462	bd34129855	龙壬薇	杨浦区	政和路26号	2021-09-04 01:02:00	完成
5	ON2021090400013	6901894121205	白猫去油高效洗洁精	日用百货	2	CUS17071462	bd34129855	龙壬薇	杨浦区	政和路26号	2021-09-04 01:02:00	完成
6	ON2021090400081	6922655748400	名创优品（MINISO） 植物花萃手霜	洗涤日化	3	CUS17070862	bd79145900	云介	黄浦区	华山路2号	2021-09-04 13:10:00	完成
7	ON2021090400081	6918598028013	波力海苔 原味	休闲食品	8	CUS17070862	bd79145900	云介	黄浦区	华山路2号	2021-09-04 13:10:00	完成
8	ON2021090400110	6905183004484	威士雅西洋参片	保健品	2	CUS17082200	bd79020908	周谷岩	徐汇区	天钥桥路12号	2021-09-04 17:15:00	完成
9	ON2021090400110	6922697630481	康得4.5高耐热汤煲	家用电器	2	CUS17082200	bd79020908	周谷岩	徐汇区	天钥桥路12号	2021-09-04 17:15:00	完成
10	ON2021090400110	6908309014787	丹芭碧海洋精华洗手液	洗涤日化	4	CUS17082200	bd79020908	周谷岩	徐汇区	天钥桥路12号	2021-09-04 17:15:00	完成
11	ON2021090400127	6902088106046	夏士莲修护焗油洗发水	洗涤日化	1	CUS17080104	bd49004902	江服靖	宝山区	鹤林路17号	2021-09-04 21:19:00	完成
12	ON2021090400127	6902088108156	力士水润丝滑润发素	洗涤日化	8	CUS17080104	bd49004902	江服靖	宝山区	鹤林路17号	2021-09-04 21:19:00	完成
13	ON2021090400127	6902088305890	力士恒久嫩肤沐浴露	洗涤日化	3	CUS17080104	bd49004902	江服靖	宝山区	鹤林路17号	2021-09-04 21:19:00	完成
14	ON2021090400127	6902088702828	奥妙净蓝全效洗衣粉	洗涤日化	3	CUS17080104	bd49004902	江服靖	宝山区	鹤林路17号	2021-09-04 21:19:00	完成
15	ON2021090400191	6901180313888	嘉士利威化饼（椰味）	休闲食品	6	CUS17080241	bd19097900	张怫	嘉定区	叶城路541号	2021-09-04 20:22:00	完成
16	ON2021090400191	6920907808599	好丽友 呀！土豆 薯条【番茄酱味】	休闲食品	8	CUS17080241	bd19097900	张怫	嘉定区	叶城路541号	2021-09-04 20:22:00	完成
17	ON2021090400313	6902934990331	喜之郎优酪果冻爽	休闲食品	3	CUS17060621	熊灵耀	熊灵耀	闵行区	莘凌路48号	2021-09-04 21:39:00	完成
18	ON2021090400313	6901668062499	趣多多 香浓巧克力味香脆曲奇	休闲食品	1	CUS17060621	熊灵耀	熊灵耀	闵行区	莘凌路48号	2021-09-04 21:39:00	完成
19	ON2021090400313	6934896839458	得力中性笔（12支）	文化用品	3	CUS17060621	熊灵耀	熊灵耀	闵行区	莘凌路48号	2021-09-04 21:39:00	完成
20	ON2021090400313	6908309014787	丹芭碧海洋精华洗手液	洗涤日化	3	CUS17060621	熊灵耀	熊灵耀	闵行区	莘凌路48号	2021-09-04 21:39:00	完成
21	ON2021090400319	6920907808599	好丽友 呀！土豆 薯条【番茄酱味】	休闲食品	2	CUS17090323	bd37025990	蔡壮保	青浦区	中西路541号	2021-09-04 20:41:00	完成
22	ON2021090400319	6901894121052	白猫经典配方洗洁精	日用百货	8	CUS17090323	bd37025990	蔡壮保	青浦区	中西路541号	2021-09-04 20:41:00	完成

图 5-5　配送中心出库数据

知识链接

1. 啤酒与尿布的故事

在一家超市里，有一个有趣的现象：尿布和啤酒赫然摆在一起出售。但是这个奇怪的举措却使尿布和啤酒的销量双双增加了。这不是一个笑话，而是发生在美国沃尔玛连锁超市的真实案例，并一直为商家所津津乐道。沃尔玛拥有世界上最大的数据仓库系统，为了能够准确了解顾客在其门店的购买习惯，沃尔玛对其顾客的购物行为进行购物篮分析，想知道顾客经常一起购买的商品有哪些。沃尔玛数据仓库里集中了其各门店的详细原始交易数据。在这些原始交易数据的基础上，沃尔玛利用数据挖掘方法对这些数据进行分析和挖掘。一个意外的发现是：跟尿布一起购买最多的商品竟是啤酒！经过大量实际调查和分析，揭示了一个隐藏在"尿布与啤酒"背后的美国人的一种行为模式：在美国，一些年轻的父亲下班后经常要到超市去买婴儿尿布，而他们中有30%～40%的人同时也为自己买一些啤酒。产生这一现象的原因是：美国的太太们常叮嘱她们的丈夫下班后为小孩买尿布，而丈夫们在买尿布后又随手带回了他们喜欢的啤酒。

2．关联规则

关联规则就是有关联的规则，是数据挖掘的一种常用方法。其定义为：两个不相交的非空集合 X、Y，如果有 X → Y，就说 X → Y 是一条关联规则。X 和 Y 分别称为关联规则的先导和后继。

（1）基本概念

项集（T）：一个或多个项目的集合。

置信度（confidence）：confidence(X → Y)=|X∩Y|/|X| ={ 集合 X 与集合 Y 中的项在一条记录中同时出现的次数 / 集合 X 出现的个数 }。

支持度（support）：support(X → Y) = {|X∩Y|/|N|= 集合 X 与集合 Y 中的项在一条记录中同时出现的次数 / 数据记录的个数 }。

频繁项集：置信度和支持度不小于给定最小置信度和最小支持度阈值的项集。频繁项集也就是关联度高的元素，置信度和支持度越高，相关性越高。

（2）关联规则挖掘过程

① 生成频繁项集。在这一阶段，需要找出所有满足最小支持度和最小置信度的项集，这些集合被称为频繁项集。

② 生成规则。在这一阶段，在上一步产生的频繁项集的基础上生成满足最小自信度的规则，产生的规则称为强规则。

③ 举例说明。为更好地理解关联规则的概念、原理和计算方法，下面用一个小案例进行说明。在这里，给定最小支持度 α=0.5，最小置信度 β=0.6，

表 5-8 为历史订单数据,请找出与面包具有关联规则的品项。

表 5-8 历史订单数据

订单编号	订单详情
T1	{牛奶,面包}
T2	{牛奶,尿布,啤酒,鸡蛋}
T3	{牛奶,尿布,啤酒,可乐}
T4	{面包,牛奶,尿布,啤酒}
T5	{面包,牛奶,尿布,可乐}

由表 5-8 可得,项集 T=5,除面包以外共有五个品项,分别为牛奶、啤酒、尿布、鸡蛋和可乐。应分别对这五种品项与面包的置信度和支持度进行计算。以面包和牛奶的置信度和支持度计算为例,其中,数据记录共有五条,面包共出现过三次,面包和牛奶同时出现共三次,因此:

confidence(面包→牛奶)=3/3=1

support(面包→牛奶)=3/5=0.6

同理,可计算出其他品项与面包的置信度和支持度,具体如表 5-9 所示。

表 5-9 置信度和支持度计算

	面包→牛奶	面包→啤酒	面包→尿布	面包→鸡蛋	面包→可乐
置信度	1	0.33	0.67	0	0.33
支持度	0.6	0.2	0.4	0	0.2

满足最小支持度 $α$=0.5、最小置信度 $β$=0.6 的只有牛奶品项,因此只有牛奶与面包具有强关联关系,为相关性商品,他们应相邻存放,以方便拣取。

✓ 任务实施

1. 统计总订单数

打开素材文件,选中"出入库信息汇总"表中的"订单编号"字段名,选择"数据 | 数据工具"选项卡下的"删除重复值"命令,在弹出的"删除重复值"对话框中仅勾选"订单编号"列,如图 5-6 所示。

单击"确定"按钮后可知本任务案例数据中有 984 个唯一的订单号,如图 5-7 所示。

商品相关性分析

项目 5　仓储管理数据分析

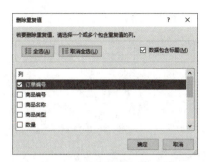 

图 5-6　删除重复订单编号　　图 5-7　统计出不重复的订单编号数量

单击"撤销"按钮（或按 Ctrl+Z 键）取消删除重复值操作，数据恢复到初始状态，以便进行后续操作。

2．筛选出含有特定商品的所有订单号

在"出入库信息汇总"右侧新建"订单筛选表"，用于存储筛选出来的订单编号。在"出入库信息汇总"中选中"商品名称"字段名，单击"排序和筛选"组中的"筛选"按钮，然后在下拉列表中的"筛选"搜索框中输入"黄金搭档（儿童青少年）"，如图 5-8 所示。

图 5-8　订单号筛选

将筛选出来含有"黄金搭档（儿童青少年）"商品的订单号复制到新建的

"订单筛选表"中,如图5-9所示。

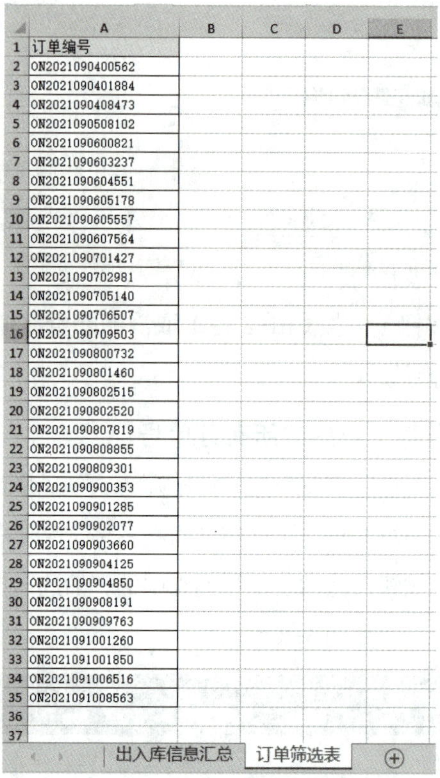

图5-9 新建"订单筛选表"

3. 筛选出具有相关商品订单号的完整订购信息

在"出入库信息汇总"表中取消筛选,显示所有订购记录;在"订单筛选表"右侧创建"相关商品订购记录"表,在"相关商品订购记录"表中,选择"数据"选项卡下"排序和筛选"功能中的"高级",在弹出的"高级筛选"对话框中"方式"下选择"将筛选结果复制到其他位置","列表区域"选择"出入库信息汇总"中的全部数据,"条件区域"选择"订单筛选表"中的全部数据,"复制到"选择A1单元格,如图5-10所示,单击"确定"筛选出具有相关性商品的完整订单信息。

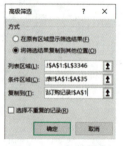

图5-10 高级筛选

4. 统计每种商品的订购频次

在"相关商品订购记录"表右侧新建"商品订购频次统计"表,单击A1

单元格,选择"插入"选项卡下"表格"中的"数据透视表",选择"表格和区域",在弹出的"来自表格或区域的数据透视表"对话框中的"表/区域"选择"相关商品订购记录"中的所有数据,如图5-11所示,单击"确定"。

将右侧"数据透视表字段"中的"商品名称"拖动到"行",将"数量"拖动到"值",单击"求和项:数量"的下拉列表,选择"值字段设置",将"值字段设置"中的"求和项"改为"计数",生成的数据透视表按照"计数项:数量"降序排序,如图5-12所示。

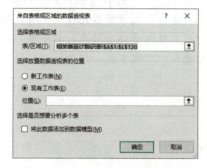

图 5-11　数据透视表区域设置

图 5-12　商品订购频次统计结果

5. 计算置信度和支持度

在"商品订购频次统计"表右侧新建"商品相关性分析"表。复制"商品订购频次统计"表中的数据透视表,进入"商品相关性分析"表中,选择"开始"选项卡下的"粘贴",在"粘贴"下拉列表中选择"选择性粘贴",在"选择性粘贴"对话框中选择"数值",单击"确定"完成复制。在表格右侧增加"支持度"和"置信度"两个字段,如图5-13所示。

在C3单元格中输入公式"=B3/984"(注:984是指本任务数据中订单编号的总数量),向下引用到最后一种商品;在D3单元中输入公式"=B3/B$2",向下引用至最后一种商品。计算结果如图5-14所示。

	A	B	C	D
1	行标签	计数项:数量	支持度	置信度
2	黄金搭档(儿童青少年)	34		
3	黄金搭档(女士)	33		
4	威士雅金丝燕窝	20		
5	张裕葡萄酒礼盒	16		
6	剑南春52度	7		
7	威士雅壮骨粉	4		
8	心相印面巾纸400张	1		
9	广博16K60页特种纸软抄6本装	1		
10	心相印优选手帕纸C1910	1		
11	强生婴儿牛奶霜	1		
12	听雨轩中性笔(12支)	1		
13	总计	119		

图 5-13　建立支持度和置信度计算的表格框架

	A	B	C	D
1	行标签	计数项:数量	支持度	置信度
2	黄金搭档(儿童青少年)	34		
3	黄金搭档(女士)	33	0.0335	0.9706
4	威士雅金丝燕窝	20	0.0203	0.5882
5	张裕葡萄酒礼盒	16	0.0163	0.4706
6	剑南春52度	7	0.0071	0.2059
7	威士雅壮骨粉	4	0.0041	0.1176
8	心相印面巾纸400张	1	0.0010	0.0294
9	广博16K60页特种纸软抄6本装	1	0.0010	0.0294
10	心相印优选手帕纸C1910	1	0.0010	0.0294
11	强生婴儿牛奶霜	1	0.0010	0.0294
12	听雨轩中性笔(12支)	1	0.0010	0.0294
13	总计	119		

图 5-14　置信度和支持度计算结果

6. 确定商品的相关性

按照最小支持度为 0.03、最小置信度为 0.4 进行判断，本任务中与"黄金搭档（儿童青少年）"为相关性商品的是"黄金搭档（女士）"。

> **思考与点拨：**
>
> 如何理解商品相关性分析的结论？
>
> 本任务中，根据分析结论"黄金搭档（女士）"是"黄金搭档（儿童青少年）"的相关商品，从促销的角度讲，购买了"黄金搭档（儿童青少年）"的客户购买"黄金搭档（女士）"的可能性比较大，可以在客户加车时主动推荐，同时商场货架商品陈列宜将其放在相邻位置；从仓库管理角度，两种商品宜放在相邻储位，可明显减少拣货行走距离。

📖 任务小结

商品相关性分析用于指导商品入库时储位安排，将相关性强的商品靠近存放，以节省拣货时的路径，体现了基于数据的管理思想。在进行相关性分析之前，需要理解置信度和支持度的概念；计算过程使用了 Excel "删除重复值"功能来获取订单数，综合使用了高级筛选、数据透视表等功能来获取完整订单信息和商品订购频次；最后通过编辑公式来计算置信度和支持度，按照给定的指标来判断是否属于相关性商品。本任务是对 Excel 数据管理分析功能的综合运用。

✏️ 实践训练

打开素材文件，按照最小支持度为 0.03、最小置信度为 0.4 的判断原则，分析商品"力士恒久嫩肤沐浴露"的相关性商品有哪些。

任务 3　物流需求预测

🎯 任务目的

1. 掌握需求预测的意义。

2. 掌握常用时间序列预测方法的原理。
3. 掌握 Excel 分析工具的使用。
4. 掌握 Excel 图表用于预测的操作方法。

工作任务

已知某种物资 2013—2018 年的需求量分别为 139、142、155、148、160 和 166，请分别用算术平均法、移动平均法、加权移动平均法、指数平滑法和长期趋势法预测该物资 2019 年的需求量。

知识链接

1. 物流需求预测的概念和意义

物流需求预测是根据物流市场过去和现在的需求状况以及影响物流市场需求变化的因素之间的关系，利用一定的经验判断、技术方法和预测模型，应用合适的科学方法对有关反映市场需求指标的变化以及发展的趋势进行预测。物流需求预测的目的在于通过对生产、转运或销售方面有可能产生的流量或单位数的预测和估计，准确掌握物流需求的变动情况，指导原料采购、库存控制、商品配送等物流工作，以实现资源的优化配置，从而降低物流成本，提高物流效率，保障物流供给，促进物流供需平衡。物流需求预测对保证企业物流系统的平稳高效运营起着重要作用，大到物流系统的设计与规划，小到日常的订货批量和订货时间的确定，所有的货物决策都要以需求预测为依据。特别是随着计算机技术的快速发展，物流需求预测的技术和能力与以往相比有了长足的发展。有效地利用先进的物流需求预测技术和方法对提高企业物流系统的效率，乃至提高企业的竞争能力都有显著的影响。

物流需求预测方法有很多种，大体上可以分为定性预测和定量预测两大类。定量预测方法可以进一步划分为时间序列预测方法、因果关系预测方法、组合预测方法等几类。其中时间序列预测方法主要有算术平均法、移动平均法、加权移动平均法、指数平滑法、长期趋势法、季节变动预测法、灰色模型法等；因果关系预测法主要包括一元线性回归分析预测法、多元线性回归分析预测法等。

2. 时间序列预测方法

时间序列预测方法是建立在可以通过过去的物流需求数据来估计出对应的未来的数值这一假设的基础之上的，而分析中所使用的过去的物流需求数据通常都是在一个给定的时期内按照固定时间间隔（天、周、月、季度或年等）把某种统计指标的数值按时间先后顺序排列而成的数列，通常这种数据被称为时间序列。按照对时间序列数据处理方式的不同，时间序列预测方法又可以进一步分为算术平均法、移动平均法、加权移动平均法、指数平滑法、长期趋势法、季节变动预测法和灰色模型法等。

（1）算术平均法

算术平均法是用过去一段时期内的实际物流需求数据的算术平均数作为下期预测值的一种简单的时序预测法。由于该方法没有考虑近期和远期数在预测上的差异，因此只适用于物流需求变化不大的趋势预测。

算术平均法的计算公式为

$$\hat{x}_{t+1} = x_1 + x_2 + x_3 + \ldots + x_t / t$$

式中，$\hat{x}_{t+1}$——第 $t+1$ 期物流需求的预测值；

x_i——第 i 期的实际物流需求数据（$i=1, 2, 3, \ldots, t$）。

（2）移动平均法

移动平均法与算术平均法的差异在于移动平均法是用距离预测期最近的几期的实际物流需求数值的平均值作为预测值。使用移动平均法进行预测能平滑掉物流需求的随机波动对预测结果的影响，但无法对物流需求中的季节性因素、快速增长和快速下降等非随机性变动进行预测。

移动平均法的计算公式为

$$\hat{x}_{t+1} = x_t + x_{t-1} + x_{t-2} + \ldots + x_{t-(n-1)} / n$$

式中，$\hat{x}_{t+1}$——第 $t+1$ 期物流需求的预测值；

x_i——第 i 期的实际物流需求数据（$i=t, t-1, t-2, \ldots, t-(n-1)$）；

n——预测所用的期数。

（3）加权移动平均法

物流需求的历史数据信息对预测未来的物流需求量的作用是不一样的，因此为了提高预测的准确性，应该给不同时期的数据赋予不同的权重，而不是等同视之。一般而言，离预测期时间越近的数据对预测值的影响力越大，因而应赋予较大的权重。基于这一思想，形成了加权移动平均法。它与移动平均法的差别在于不同时期的数据被赋予了不同的权重，而且通常都是距预测期较近的数据被赋予较大的权重。

加权移动平均法的计算公式为

$$\hat{x}_{t+1}=w_t x_t + w_{t-1} x_{t-1} + w_{t-2} x_{t-2} + \ldots + w_{t-(n-1)} x_{t-(n-1)}$$

式中，$\hat{x}_{t+1}$——第 $t+1$ 期物流需求的预测值；

x_i——第 i 期的实际物流需求数据（$i=t$，$t-1$，$t-2$，…，$t-(n-1)$）；

w_t——第 i 期的权重（$i=t$，$t-1$，$t-2$，…，$t-(n-1)$），且 $w_t+w_{t-1}+w_{t-2}+\cdots w_{t-(n-1)}=1$；

n——预测所用的期数。

（4）指数平滑法

算术平均法忽视远期和近期数据在预测上的差异，对时间序列中的过去的数据全部加以同等利用；加权移动平均法虽然考虑了近期和远期数据的差异，给近期数据更大的权重，但大量远期的数据被完全忽视。而指数平滑法则综合了算术平均法和移动平均法两者的优点，不舍弃远期的数据，但有逐渐减弱远期数据的影响程度，随着时间期的远离，数据的权重逐渐收敛为零。

指数平滑法的计算公式为

$$\hat{x}_{t+1}=\alpha x_t + (1-\alpha)\hat{x}_t$$

式中，$\hat{x}_{t+1}$——第 $t+1$ 期物流需求的预测值；

$\hat{x}_t$——第 t 期物流需求的预测值；

x_t——第 t 期实际物流需求数据；

α——平滑系数。

如果缺少第 1 期之前的物流需求数据，那么 $\hat{x}_t$ 是无法预测的，这是可以取 $\hat{x}_1 = x_1$。

（5）长期趋势法

长期趋势法就是把时间作为自变量，把相应的物流需求时间序列数据作为因变量，建立物流需求随时间变化的回归模型的方法。如果只包括一个自变量和一个因变量，且二者的关系可用一条直线近似表示，这种回归模型称为一元线性回归。

长期趋势法的计算公式为

$$\hat{x}_{t+1} = \alpha + \beta(t+1)$$

式中，$\hat{x}_{t+1}$——第 $t+1$ 期物流需求的预测值；

α——第 0 期的物流需求的预测值，且 $\alpha = \dfrac{\Sigma x - \beta \Sigma t}{n}$；

β——直线的斜率，且 $\beta = \dfrac{n\Sigma tx - \Sigma t \Sigma x}{n\Sigma t^2 - (\Sigma t)^2}$，其中，$n$ 为实际物流需求数据时期数，x 为实际物流需求数据。

✅ 任务实施

1. 录入数据

将历史需求数据录入 Excel 工作表中，如图 5-15 所示。

2. 算术平均法预测

在 D1 单元格中输入"算术平均法预测需求"，在 D8 单元格中输入公式"=AVERAGE(C2:C7)"，结果如图 5-16 所示。

	A	B	C
1	序号	年份	物流需求
2	1	2013	139
3	2	2014	142
4	3	2015	155
5	4	2016	148
6	5	2017	160
7	6	2018	166
8	7	2019	

图 5-15　历史需求数据

	A	B	C	D
1	序号	年份	物流需求	算术平均法预测需求
2	1	2013	139	
3	2	2014	142	
4	3	2015	155	
5	4	2016	148	
6	5	2017	160	
7	6	2018	166	
8	7	2019		151.67

图 5-16　算术平均法预测

3. 移动平均法预测

以最近两期的物流需求数据作为预测依据。在 E1 单元格中输入"移动平均法预测需求"，在 E4 单元格中输入公式"=AVERAGE(C2:C3)"，回车得到 2015 年的需求预测值。向下拖动 E4 单元格的填充句柄至 E8 单元格，即可得到 2016—2019 年的需求预测值，如图 5-17 所示。

	A	B	C	D	E
1	序号	年份	物流需求	算数平均法预测需求	移动平均法预测需求
2	1	2013	139		
3	2	2014	142		
4	3	2015	155		140.5
5	4	2016	148		148.5
6	5	2017	160		151.5
7	6	2018	166		154.0
8	7	2019		151.67	163.0

图 5-17　移动平均法预测

4. 加权移动平均法预测

① 按照公式 $\hat{x}_{t+1}=0.6x_t+0.4x_{t-1}$ 进行预测。

② 在 F1 单元格中输入"移动加权平均法预测需求",在 F4 单元格中输入公式"=0.4*C2+0.6*C3",回车即可得到 2015 年的需求预测值,向下拖动 F4 单元格的填充句柄至 F8 单元格,得到 2016—2019 年的需求预测值,如图 5-18 所示。

	A	B	C	D	E	F
1	序号	年份	物流需求	算数平均法预测需求	移动平均法预测需求	移动加权平均法预测需求
2	1	2013	139			
3	2	2014	142			
4	3	2015	155		140.5	140.8
5	4	2016	148		148.5	149.8
6	5	2017	160		151.5	150.8
7	6	2018	166		154.0	155.2
8	7	2019		151.67	163.0	163.6

图 5-18 加权移动平均法预测

5. 编辑公式进行指数平滑法预测

指数平滑法预测可以通过编辑公式实现,也可以用 Excel 内置的分析工具来进行。

① 取平滑系数 $\alpha=0.3$ 进行预测。

② 在 G1 单元格中输入公式"指数平滑法预测(编辑公式)",在 G2 单元格中输入公式"=C2",在 G3 单元格输入公式"=0.3*C2+(1−0.3)*G2",向下拖动 G3 单元格的填充句柄至 G8 单元格,即可得到 2016—2019 年的需求量预测值,如图 5-19 所示。

	A	B	C	D	E	F	G
1	序号	年份	物流需求	算数平均法预测需求	移动平均法预测需求	移动加权平均法预测需求	指数平滑法预测(编辑公式)
2	1	2013	139				139
3	2	2014	142				139.0
4	3	2015	155		140.5	140.8	139.9
5	4	2016	148		148.5	149.8	144.4
6	5	2017	160		151.5	150.8	145.5
7	6	2018	166		154.0	155.2	149.9
8	7	2019		151.67	163.0	163.6	154.7

图 5-19 用编辑公式进行指数平滑法预测

6. 用分析工具进行指数平滑法预测

在 H1 单元格输入公式"指数平滑法预测(分析工具)"。单击"文件|选项|加载项",选择"Excel 加载项",单击"转到",在"加载项"对话框中勾选"分析工具库",如图 5-20 所示。单击"确定"可以发现在"数据"选项卡下添加了"数据分析"命令。

用分析工具预测物流需求

单击"数据|数据分析"命令,在"数据分析"对话框中选择"指数平滑"选项,如图 5-21 所示。

在"指数平滑"对话框中设置输入区域为"\$C\$2:\$C\$7",阻尼系数为 0.7,输出区域为"\$H\$2",勾选"图表输出"选项,如图 5-22 所示。

单击"指数平滑"对话框中"确定"按钮,即可得到 2014—2018 年的预测值,拖动 H6 单元格的填充句柄至 H7,即可得到 2019 年的预测值,如图 5-23 所示,可以观察到预测结果与前面编辑公式的计算方法结果一致。

图 5-20 勾选"分析工具库"

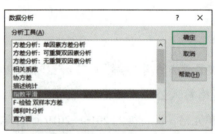

图 5-21 选择"指数平滑"

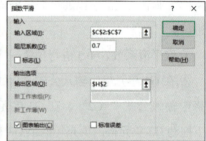

图 5-22 "指数平滑"计算参数设置

	A	B	C	D	E	F	G	H
1	序号	年份	物流需求	算数平均法预测需求	移动平均法预测需求	移动加权平均法预测需求	指数平滑法预测(编辑公式)	指数平滑法预测(分析工具)
2	1	2013	139				139	#N/A
3	2	2014	142				139.0	139.0
4	3	2015	155		140.5	140.8	139.9	139.9
5	4	2016	148		148.5	149.8	144.4	144.4
6	5	2017	160		151.5	150.8	145.5	145.5
7	6	2018	166		154.0	155.2	149.9	149.9
8	7	2019		151.67	163.0	163.6	154.7	154.7

图 5-23 用"分析工具"进行指数平滑预测

> **思考与点拨：**
>
> 如何理解平滑系数和阻尼系数？
>
> 平滑系数 α 代表着新旧数据的分配值，它的大小体现着当前预测对近期数据和远期数据的依赖程度。
>
> 平滑系数 + 阻尼系数 =1。

7．用图表进行长期趋势预测

在 I1 单元格中输入公式"长期趋势预测（使用图表）"；选择 B1:C7 单元格区域，单击"插入 | 图表 | 散点图"，生成的散点图如图 5-24 所示。

鼠标右击任意数据点，在右键菜单中选择"添加趋势线"，在"设置趋势线格式"对话框中选择"线性"，勾选"显示公式""显示 R 平方值"两个选项，得到带有公式的散点图和趋势线，如图 5-25 所示。

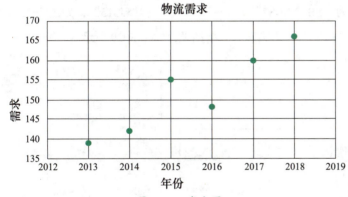

图 5-24　散点图

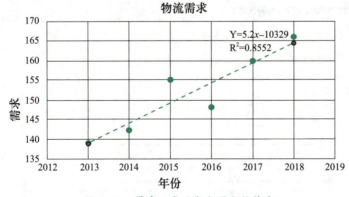

图 5-25　带有公式的散点图和趋势线

参照趋势线的拟合公式，在 I2 单元中输入公式"=-10329+B2*5.2"，回车后即可得到 2013 年的预测值，向下拖动填充句柄至 I8，得到 2014—2019 年的预测值，如图 5-26 所示。

	A	B	C	D	E	F	G	H	I
1	序号	年份	物流需求	算数平均法预测需求	移动平均法预测需求	移动加权平均法预测需求	指数平滑法预测（编辑公式）	指数平滑法预测（分析工具）	长期趋势预测（使用图表）
2	1	2013	139				139	#N/A	138.60
3	2	2014	142				139.0	139.0	143.80
4	3	2015	155		140.5	140.8	139.9	139.9	149.00
5	4	2016	148		148.5	149.8	144.4	144.4	154.20
6	5	2017	160		151.5	150.8	145.5	145.5	159.40
7	6	2018	166		154.0	155.2	149.9	149.9	164.60
8	7	2019		151.67	163.0	163.6	154.7	154.7	169.80

图 5-26　用图表进行长期趋势预测结果

8．用分析工具进行长期趋势预测

在 J1 单元格输入"长期趋势预测（分析工具）"，选择"数据|分析|数据分析工具"选项，在"分析工具"列表中选择"回归"，如图 5-27 所示。

在"回归"对话框中设置"Y 值输入区域"为"$C$2:$C$7"，"X 值输入区域"为"$B$2:$B$7"，"输出区域"为"$J$15"，如图 5-28 所示。

单击"确定"，得到回归分析结果，如图 5-29 所示。

图 5-27　选择数据分析工具

图 5-28　回归参数设置

SUMMARY OUTPUT								
回归统计								
Multiple R	0.92476							
R Square	0.85518							
Adjusted R Square	0.81898							
标准误差	4.47586							
观测值	6							
方差分析								
	df	SS	MS	F	gnificance F			
回归分析	1	473.2	473.2	23.6206	0.00828			
残差	4	80.1333	20.0333					
总计	5	553.333						
	Coefficient	标准误差	t Stat	P-value	Lower 95%	Upper 95%	下限 95.0%	上限 95.0%
Intercept	-10329	2156.46	-4.7898	0.00871	-16316	-4341.7	-16316	-4341.7
X Variable 1	5.2	1.06994	4.86201	0.00828	2.22938	8.17062	2.22938	8.17062

图 5-29　回归分析结果

其中，-10 329 和 5.2 分别是 α 和 β 的值。在 J2 单元格中输入公式"=-10 329+5.2*B2"，回车后即可得到 2013 年的预测值，向下拖动填充句柄至 J8，可以计算出 2014—2019 年的预测值，如图 5-30 所示，其结果与用图表工具预测结果一致。

	E	F	G	H	I	J
1	移动平均法预测需求	移动加权平均法预测需求	指数平滑法预测（编辑公式）	指数平滑法预测（分析工具）	长期趋势预测（使用图表）	长期趋势预测（分析工具）
2			139	#N/A	138.60	138.60
3			139.0	139.0	143.80	143.80
4	140.5	140.8	139.9	139.9	149.00	149.00
5	148.5	149.8	144.4	144.4	154.20	154.20
6	151.5	150.8	145.5	145.5	159.40	159.40
7	154.0	155.2	149.9	149.9	164.60	164.60
8	163.0	163.6	154.7	154.7	169.80	169.80

图 5-30 用回归分析工具预测结果

任务小结

时间序列预测方法包括算术平均法、移动平均法、加权移动平均法、指数平滑法、长期趋势法等。算术平均法忽视远期和近期数据在预测上的差异，将其全部同等利用；加权移动平均法给近期数据更大的权重，大量远期的数据被忽视；指数平滑法不舍弃远期的数据，但又逐步减弱远期数据的影响程度；长期趋势预测则是建立物流需求随时间变化的回归模型，将需求量作为因变量，时间作为自变量，如果因变量只有一个，且因变量和自变量呈线性关系，则称之为一元线性回归模型。使用指数平滑法进行预测可以手动编辑公式，也可以使用 Excel 自带的"分析工具"实现；长期需求预测中的回归预测既可以通过图表添加趋势线来实现，也可以使用 Excel 自带的"分析工具"实现。

实践训练

请根据如表 5-10 所示的历史数据采用一次指数平滑法（阻尼系数为 0.4），预测出 2023 年产品 A 的需求量，并将 2014 年至 2023 年产品 A 的预测需求填入表中。

表 5-10 产品 A 的需求量数据

年份	2013	2014	2015	2016	2017	2018	2019	2020	2021	2022	2023
产品 A 实际需求量（件）	28 000	30 000	32 000	25 000	33 000	35 000	30 000	39 000	33 000	15 000	—
产品 A 预测需求量（件）	26 000										

任务 4　仓库订货决策

任务目的

1. 掌握经济订货批量模型的原理和求解步骤。
2. 熟练运用 Excel 进行规划求解建模并求解经济批量。
3. 掌握 Excel 模拟运算表的使用。

工作任务

某零售商的电冰箱年需求量为 16 000 件，每次订货成本为 600 元，单位存货的年储存成本为 30 元，现需确定以下问题：

1. 每次订货量为 600 件时的订货成本、年储存成本、年总成本。
2. 经济订货批量（EOQ）及 EOQ 下的年订货成本、年储存成本、年总成本。
3. 当订货量在 200～1 500 件范围内变化时，以 100 件为步长进行变化时，年订货量、年订货成本、年储存成本以及年总成本的变化情况，并用图表进行展示。

知识链接

仓储管理中随着仓库物资的不断出库，需要对库存物资进行订货补充。如果一次性订货量过大，会大大增加库存物资管理成本；而一次订货量过小，为满足需求必然会增加订货的次数，而次数的增加又会增加订货的成本，因此，在仓库订货中，存在一个最经济的订货量，这个订货量称为经济订货批量（EOQ）。假设在不允许缺货的情况下，仓储费用与订购批量之间的关系如图 5-31 所示。

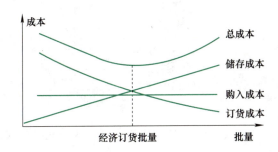

图 5-31　仓储费用与订购批量的关系

仓储管理中的定量订货法是指当库存量下降到预定的最低库存量（即订货点）时，按规定数量（一般以经济批量为标准）进行订货补充的一种库存控制方法。

在仓储管理中，仓储总成本由购入成本（物品总价值）、订货成本、储存成本三个部分组成。用公式表达为

$$TC=DC+(D/Q^*)\times S+Q^*/2\times H$$

式中，TC——总成本；

　　　D——商品的年需求量；

　　　C——商品的单价；

　　　Q^*——经济订货批量；

　　　S——每次订货的费用；

　　　H——单位商品的储存成本。

在获知仓库年需求量、订货费用、材料单价、储存单价等数据的基础上，可以通过计算得出仓库的经济订货批量，按此批量来组织订货，可以使仓储的总成本达到最低。

任务实施

1. 录入数据、建立模型

新建一个工作表，录入如图 5-32 所示的基础数据。

仓库订货决策

	A	B	C	D
1				
2		年需求量(D)	16000	
3		每次订货成本(S)	600	
4		单位年储存成本(H)	30	
5				
6		订货量	600	
7		年订货成本		
8		年储存成本		
9		年总成本		
10				
11		经济订货批量(EOQ)		
12		EOQ下的年订货成本		
13		EOQ下的年储存成本		
14		EOQ下的年总成本		

图 5-32　录入基础数据

在 C7 单元中输入公式"=C3*C2/C6"，在 C8 单元格中输入公式"=C4*C6/2"，在 C9 单元格中输入公式"=C7+C8"；在 C11 单元格中输入公式"=SQRT(2*C2*C3/C4)"，在 C12 单元格中输入公式"=C3*C2/C11"，在 C13 单元中输入公式"=C4*C11/2"，在 C14 单元格中输入公式"=C12+C13"，如图 5-33 所示。

	A	B	C	D
1				
2		年需求量(D)	16000	
3		每次订货成本(S)	600	
4		单位年储存成本(H)	30	
5				
6		订货量	600	
7		年订货成本	=C3*C2/C6	
8		年储存成本	=C4*C6/2	
9		年总成本	=C7+C8	
10				
11		经济订货批量(EOQ)	=SQRT(2*C2*C3/C4)	
12		EOQ下的年订货成本	=C3*C2/C11	
13		EOQ下的年储存成本	=C4*C11/2	
14		EOQ下的年总成本	=C12+C13	

图 5-33　建立公式模型

计算结果显示，当订货量为 600 件的时候，订货成本为 16 000 元、年储存成本为 9 000 元、年总成本为 25 000 元。

2．经济订货批量求解

选择"文件"选项卡，选择"选项"，打开"Excel 选项"对话框，切换到"加载项"页，如图 5-34 所示。

单击页面下方"转到"按钮，在弹出的"加载项"对话框中勾选"规划求解加载项"，如图 5-35 所示，单击"确定"完成加载。

单击"数据"选项卡下"分析"组中的"规划求解"，在"规划求解参数"对话框中设置目标单元格为"$C$14"，目标取"最小值"，"通过更改可变单元格"设置为"\$C\$11",其余参数取默认值,如图 5-36 所示。

图 5-34 "Excel 选项"对话框—加载项

图 5-35 勾选"规划求解加载项"　　图 5-36 规划求解参数设置

单击"求解"即可完成计算,计算结果如图 5-37 所示,即:经济订货批量(EOQ)为 800 件,在该订货批量下,年订货成本为 12 000 元,年储存成本为 12 000 元，年总成本为 24 000 元。

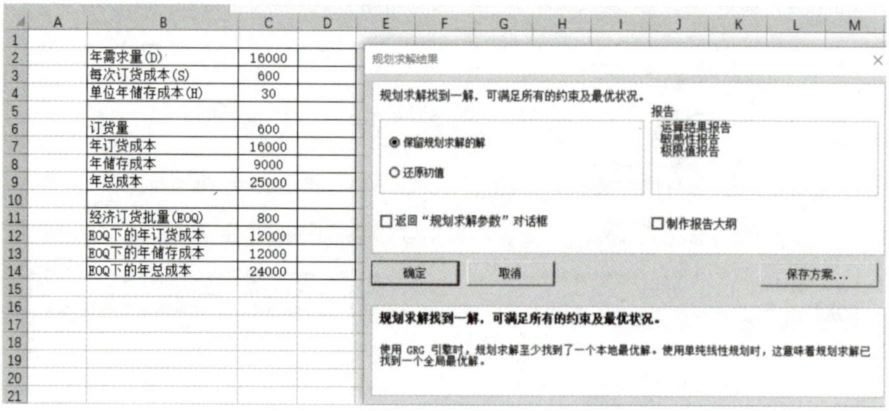

图 5-37　规划求解计算结果

3．建立模拟运算表

在单元格 F2 到 I2 分别输入"订货量""年订货成本""年储存成本""年总成本"；在 F3 单元格中输入公式"=C6"，在 G3 单元格中输入公式"=C7"，在 H3 单元格中输入公式"=C8"，在 I3 单元格中输入公式"=C9"；在 F4 单元中输入值"200"，然后向下填充至 F17，步长值为 100，如图 5-38 所示。

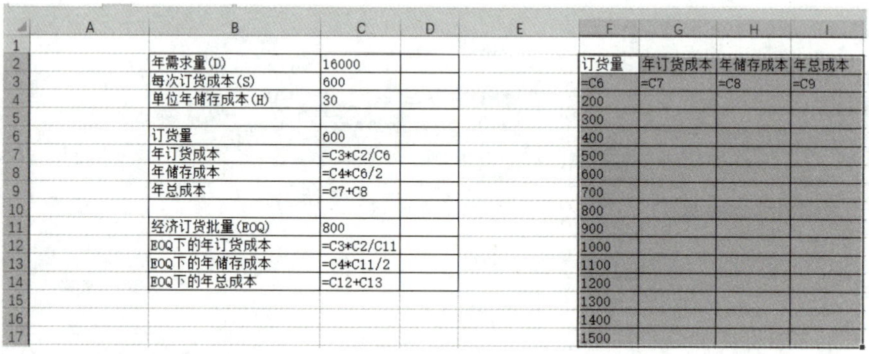

图 5-38　建立模拟运算表

选定区域 F3:I17，选择"数据 | 模拟分析"下拉列表中的"模拟运算表"，在"模拟运算表"对话框中"输入引用列的单元格"输入"$C$6"，如图 5-39 所示。

单击"确定"可计算出在不同订货批量下的年订货成本、年储存成本、年总成本，如图 5-40 所示。可以观察到，当订货批量取 800 件的时候，年总成本最低，这与上一步规划求解的结果一致。

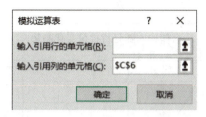

图 5-39　模拟运算表参数设置

	A	B	C	D	E	F	G	H	I
1									
2		年需求量(D)	16000			订货量	年订货成本	年储存成本	年总成本
3		每次订货成本(S)	600			600.0	16000.0	9000.0	25000.0
4		单位年储存成本(H)	30			200.0	48000.0	3000.0	51000.0
5						300.0	32000.0	4500.0	36500.0
6		订货量	600			400.0	24000.0	6000.0	30000.0
7		年订货成本	16000			500.0	19200.0	7500.0	26700.0
8		年储存成本	9000			600.0	16000.0	9000.0	25000.0
9		年总成本	25000			700.0	13714.3	10500.0	24214.3
10						800.0	12000.0	12000.0	24000.0
11		经济订货批量(EOQ)	800			900.0	10666.7	13500.0	24166.7
12		EOQ下的年订货成本	12000			1000.0	9600.0	15000.0	24600.0
13		EOQ下的年储存成本	12000			1100.0	8727.3	16500.0	25227.3
14		EOQ下的年总成本	24000			1200.0	8000.0	18000.0	26000.0
15						1300.0	7384.6	19500.0	26884.6
16						1400.0	6857.1	21000.0	27857.1
17						1500.0	6400.0	22500.0	28900.0

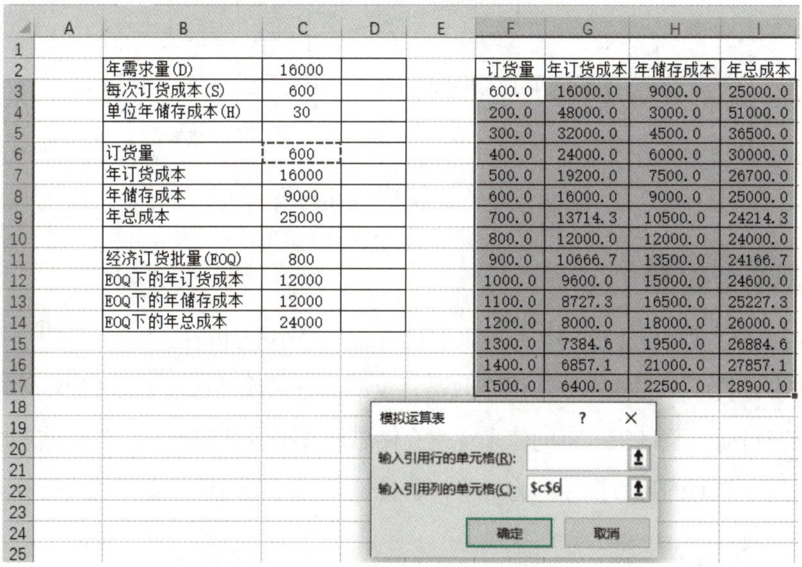

图 5-40　模拟运算表的参数及结果

思考与点拨：

模拟运算表的作用是什么？

Excel 中的模拟运算表分为单变量模拟运算表和双变量模拟运算表，前者用于分析一个变量值的变化对公式运算结果的影响，后者分析两个变量值同时变化对公式运算结果的影响。本任务中仅有订货量一个变量，属于单变量模拟运算表。任务中我们还发现，规划求解只给出了满足目标的最优订货批量，但模拟运算表还能直观看出不同订货批量下的仓储成本变化趋势。

4. 制作成本随订货批量变化的图表

选定区域 F2:I2 以及区域 F4:I17，单击“插入 | 图表”中“带直线的散点图”，插入图表后将图表标题更改为“仓储成本随订货批量变化趋势”，如

图 5-41 所示。

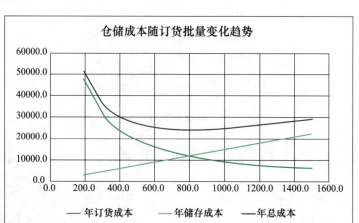

图 5-41　仓储成本变化示意图

🎓 任务小结

经济订货批量（EOQ）是实现仓储总成本最小的订货批量，任务中仓储总成本由订货成本和储存成本两个效益背反的部分构成，通过 Excel 的规划求解功能来自动调整订货批量的值来观察仓储总成本是否达到最小，当仓储总成本达到最小值时的订货批量即为经济订货批量，其计算结果与套用公式计算结果完全一致。

✏️ 实践训练

某公司全年需要甲材料 20 000kg，一次订货费用为 55 元，材料单价为 16 元 /kg，材料的单位存储成本为 8 元 /kg。请计算该企业的经济订货批量，以及在此批量下的全年订货次数、最佳订货周期和订货占用资金。

任务 5　收发存报表编制

◎ 任务目的

1. 能根据仓储信息处理思路设计 Excel 工作表内容。

2. 熟练使用 Excel 公式及函数进行相关计算或数据处理。
3. 学会条件格式的多种使用方法。
4. 熟悉保护工作表操作。

工作任务

某汽车配件经销商经营如表 5-11 所示的汽车零部件,现需要准确记录零部件的入库及出库信息,并实时自动计算出零部件的库存量。因经营规模不大,暂不需要购置专门的管理软件。Excel 具有简单易学、成本低廉的特点,是制作收发存报表的首选工具。该收发存报表的功能需包括:能够记录入库流水账信息,能够记录出库流水账信息,能够自动汇总计算商品库存量。

请按以上要求制作出收发存报表。

表 5-11 汽车零部件列表

编码	物料名称	规格型号	单位	单价	所在库区
01M321359	变速箱油底壳	新捷达	个	580.82	JD101
L059919501A	温度开关	新捷达	个	113.72	JD102
357199S81C	变速箱悬置	新捷达	个	369.19	JD103
L020945415A	倒车开关	新捷达	个	16.54	JD104
L06B905106A	点火线圈	新捷达	个	380.98	JD105
L050121113C	节温器	新捷达	个	21.48	JD106
L051103483A	密封垫 2V	新捷达	个	49.08	JD107
L06A103171C	曲轴后密封法兰	新捷达	个	70.4	JD108
L06A10359SA	油底壳	新捷达	个	88.45	JD109
L06A103609C	油底壳密封垫	新捷达	个	80.81	JD110
L06A109119J	正时齿带 2V	新捷达	个	129.96	JD111
LD6A115561D	机油滤清器	新捷达	个	25.02	JD112
L06A121011Q	水泵总成	新捷达	台	360	JD113
L06A141032A	离合器摩擦片	新捷达	个	249.61	JD114
L06A260849C	空调皮带	新捷达	条	128.47	JD115
L10100044AB	火花塞	新捷达	个	8.88	JD116
L191407151B	转向控制臂	新捷达	个	193.6	JD117
L19t48030	转向横拉杆总成	新捷达	个	114.77	JD118
L1G0121251C	散热器	新捷达	个	539.27	JD119
L1GO127401	燃油滤清器	新捷达	个	48.44	JD120

知识链接

1. 收发存的概念

收、发、存是仓库管理的三个基本业务环节。收是指从上游供应商订购的货品到货后，完成接运、卸货、验收、搬运、入库、上架等收货的业务活动，仓库不仅要做好实物收货，还要准确记录收货货品名称、规格、单价、数量、储位等信息，为管理和发货提供方便。发是指收到下游客户订货后，按照客户需求的货品种类和数量完成拣货、打包、装车、配送等发货业务活动，仓库在做好实物发货的同时，应该准确扣减相关货品的库存数据。存是指货品在仓库中相对静止的状态，仓库需要做好盘点和养护工作。收发存数据的准确性在很大程度上影响着仓库运营的效率。

2. VLOOKUP 函数

【格式】=VLOOKUP（查找值，查找区域，返回值的列序号，查找类型）。

【作用】在指定区域中查找给定值，最终返回找到值所在的行号和指定列号交叉位置的值。

【说明】查找值必须属于查找区域第一列的值。查找类型有 True 和 False 两种：当取 True 时表示近似查找，如果找不到精确匹配值，则匹配小于查找值的最大数值，要求查找区域的值必须是经过排序的；当取值为 False 时，表示进行精确查找，大多数情况下均用此类型。

3. SUMIF 函数

【格式】=SUMIF（条件判断区域，过滤条件，求和区域）。

【作用】对满足过滤条件的行进行求和。

任务实施

1. 创建"物料清单"表

物料清单表主要存放商品的编码、名称、规格型号、单价、存放位置等信息，如图 5-42 所示，其他所有表中的有关商品信息均引用该表。

收发存报表编制

	A	B	C	D	E	F
1	编码	物料名称	规格型号	单位	单价	所在库区
2	01M321359	变速箱油底壳	新捷达	个	580.82	JD101
3	L059919501A	温度开关	新捷达	个	113.72	JD102
4	357199S81C	变速箱悬置	新捷达	个	369.19	JD103
5	L020945415A	倒车开关	新捷达	个	16.54	JD104
6	L06B905106A	点火线圈	新捷达	个	380.98	JD105
7	L050121113C	节温器	新捷达	个	21.48	JD106
8	L051103483A	密封垫2V	新捷达	个	49.08	JD107
9	L06A103171C	曲轴后密封法兰	新捷达	个	70.4	JD108
10	L06A103359SA	油底壳	新捷达	个	88.45	JD109
11	L06A103609C	油底壳密封垫	新捷达	个	80.81	JD110
12	L06A109119J	正时齿带2V	新捷达	个	129.96	JD111
13	LD6A115561D	机油滤清器	新捷达	个	25.02	JD112
14	L06A121011Q	水泵总成	新捷达	台	360	JD113
15	L06A141032A	离合器摩擦片	新捷达	个	249.61	JD114
16	L06A260849C	空调皮带	新捷达	条	128.47	JD115
17	L10100044AB	火花塞	新捷达	个	8.88	JD116
18	L191407151B	转向控制臂	新捷达	个	193.6	JD117
19	L19t48030	转向横拉杆总成	新捷达	个	114.77	JD118
20	L1G0121251C	散热器	新捷达	个	539.27	JD119
21	L1G0127401	燃油滤清器	新捷达	个	48.44	JD120

图 5-42　物料清单表

2．创建"物料入库"表

物料入库表用于存放入库记录的流水账，如图 5-43 所示，应包括以下列：

① 入库单号：要求根据入库日期自动编号，格式例如"RK20170526001"，其中，RK 表示入库，20170526 表示入库日期（8 位数字表示），001 表示该物料当日入库的序号，每日之内连续编号。

② 入库日期：入库时通过"Ctrl+ 分号"快捷键手动输入。

③ 物料编码：利用数据有效性引用物料清单表中的编码。

④ 物料名称：利用 VLOOKUP 函数通过物料编码到物料清单表中查询对应的名称。

⑤ 规格型号：利用 VLOOKUP 函数通过物料编码到物料清单表中查询对应的规格型号。

⑥ 单位：利用 VLOOKUP 函数通过物料编码到物料清单表中查询对应的单位。

⑦ 入库数量：该列根据实际入库数量手动输入。

⑧ 单价：利用 VLOOKUP 函数通过物料编码到物料清单表中查询对应的单价。

⑨ 金额：数量乘以单价。

⑩ 所在库区：利用 VLOOKUP 函数通过物料编码到物料清单表中查询对应的所在库区。

入库单号	入库日期	物料编码	物料名称	规格型号	单位	入库数量	单价	金额	所在库区	备注
		01M321359	变速箱油底壳	新捷达	个	10	580.82	5808.2	JD101	
		L059919501A	温度开关	新捷达	个	12	113.72	1364.64	JD102	
		L1G0127401	燃油滤清器	新捷达	个	100	48.44	4844	JD120	

物料清单　物料入库　物料出库　库存汇总表

图 5-43　物料入库表

3. 创建“物料出库”表

物料出库表用于存放出库记录的流水账，如图 5-44 所示，应包括以下列：

① 出库单号：参照入库单号的方法自动编号，格式例如“CK20170526001”。

② 出库日期：手动输入。

③ 物料编码：利用数据有效性引用物料清单表中的物料编码。

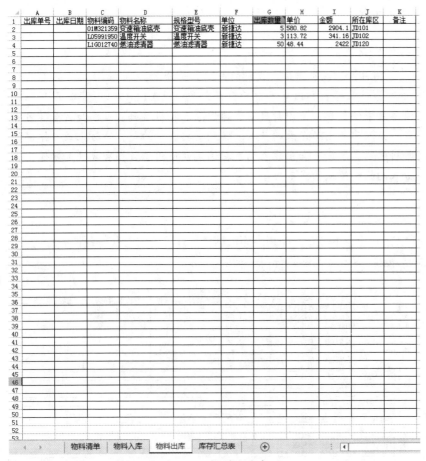

图 5-44　物料出库表

④ 物料名称：利用 VLOOKUP 函数通过物料编码到物料清单表中查询对应的物料名称。

⑤ 规格型号：利用 VLOOKUP 函数通过物料编码到物料清单表中查询对应的规格型号。

⑥ 单位：利用 VLOOKUP 函数通过物料编码到物料清单表中查询对应的单位。

⑦ 出库数量：该列根据实际出库数量手动输入。

⑧ 单价：利用 VLOOKUP 函数通过物料编码到物料清单表中查询对应的单价。

⑨ 金额：数量乘以单价。

⑩ 所在库区：利用 VLOOKUP 函数通过物料编码到物料清单表中查询对

应的所在库区。

> **思考与点拨：**
> 物料入库表和出库表设计的关键点是什么？
> 物料入库表和出库表中的数据大多通过 VLOOKUP 函数引用物料清单表中的信息，使用时只需要通过录入物料编码、日期和数量即可完成一条入库或出库记录的录入。特别需要注意的是，为防止录入错误的物料编码，入库表和出库表的物料编码列使用了数据有效性来确保用户输入的物料编码的正确性。

4．设计"库存汇总"表

库存汇总表用于对入库和出库数据进行计算，实时获得各种商品的在库数量，如图 5-45 所示，应包括以下列：

	A	B	C	D	E	F	G	H	I	J	K
1	物料编号	物料名称	规格型号	单位	单价	期初数量	本期购进	本期领用	本期结存	金额	备注
2	01M321359	变速油底壳	新捷达	个	580.82	5	10	5	10	5808.2	
3	L059919501A	温度开关	新捷达	个	113.72	2	12	3	11	1250.92	
4	357199S81C	变速箱悬置	新捷达	个	369.19	0	0	0	0	0	
5	L020945415A	倒车开关	新捷达	个	16.54	0	0	0	0	0	
6	L06B905106A	点火线圈	新捷达	个	380.98	0	0	0	0	0	
7	L050121113C	节温器	新捷达	个	21.48	0	0	0	0	0	
8	L051103483A	密封垫2V	新捷达	个	49.08	0	0	0	0	0	
9	L06A103171C	轴后密封法	新捷达	个	70.4	0	0	0	0	0	
10	L06A10359SA	油底壳	新捷达	个	88.45	0	0	0	0	0	
11	L06A103609C	油底壳密封	新捷达	个	80.81	0	0	0	0	0	
12	L06A109119J	正时齿带2V	新捷达	个	129.96	0	0	0	0	0	
13	L06A115561D	机油滤清器	新捷达	个	25.02	0	0	0	0	0	
14	L06A121011Q	水泵总成	新捷达	台	360	0	0	0	0	0	
15	L06A141032A	离合器摩擦片	新捷达	个	249.61	0	0	0	0	0	
16	L06A260849C	空调皮带	新捷达	条	128.47	0	0	0	0	0	
17	L10100044AB	火花塞	新捷达	个	8.88	0	0	0	0	0	
18	L191407151B	转向控制臂	新捷达	个	193.6	0	0	0	0	0	
19	L19t48030	向横拉杆总	新捷达	个	114.77	0	0	0	0	0	
20	L1G0121251C	散热器	新捷达	个	539.27	0	0	0	0	0	
21	L1G0127401	燃油滤清器	新捷达	个	48.44	100	50	50	2422		

图 5-45 库存汇总表

① 物料编号。

② 物料名称。

③ 规格型号。

④ 单位。

⑤ 单价。

以上五列数据引用自物料清单表。

⑥ 期初数量：该列根据盘点情况手工输入。

⑦ 本期购进：利用 SUMIF 函数对物料入库表的数据进行汇总。

⑧ 本期领用：利用 SUMIF 函数对物料出库表的数据进行汇总。

⑨ 本期结存：按照"期初数量 + 本期购进 – 本期领用"进行计算。

⑩ 金额：本期结存乘以单价。

5．数据测试

请在物料入库表和出库表中分别录入几条记录，查看库存汇总表的统计数据是否正确。

任务小结

本任务主要针对数据量不太大的场合，完成记录商品进销存数据的系统设计。首先需要设计一个物料清单表，用于存储基础数据；在此基础上设计入库表和出库表，入库表和出库表的结构和内容基本一致，用来记录出入库的流水账；最后设计库存汇总表，用于对期初库存、入库数量、出库数量进行汇总后得出本期结余库存。任务中大量使用了 VLOOKUP 函数和 SUMIF 函数，分别用于商品匹配和条件求和，最后通过手动编辑公式进行了库存结余计算。

实践训练

公司现已制作出能够记录入库和出库的收发月报表，现需对该月报表按照以下要求进行完善：

1. 打开素材文件，制作出计算库存结余的"收发存总表"的框架结构。

2. 保护"入库表""出库表"及"收发存总表"中的物品信息单元格区域。

3. 利用公式及函数计算每种物品当前的库存量，并对存货不足的物品进行预警提示，要求：当物品数量小于等于50时，备注单元格出现"库存不足"文字，月末结余单元格变为蓝色底纹；当物品数量小于等于20时，备注单元格出现"请抓紧补货"文字，月末结余单元格变为红色底纹。

4. 在入库表和出库表的1～20条记录中模拟录入6月出入库数量，观察数据变化。

项目 6

运输规划数据分析

任务 1 网络运输问题规划求解

任务目的

1. 掌握规划求解的概念。
2. 掌握规划求解的建模过程。
3. 掌握约束条件的定义。

工作任务

某公司拥有两个处于不同地理位置的生产工厂和五个位于不同地理位置的客户,现在需要将产品从两个工厂运往五个客户所在地。已知两个工厂的最大产量均为 60 000 件,五个客户的需求总量分别为 30 000 件、23 000 件、15 000 件、32 000 件、16 000 件,从各工厂到各客户的单位产品运输成本如表 6-1 所示,请用 Excel 的规划求解功能计算出使总成本最小的运输方案。

表 6-1 单位产品运输成本 （单位：元/件）

工厂＼客户	客户 1	客户 2	客户 3	客户 4	客户 5
工厂 1	1.75	2.25	1.50	2.00	1.50
工厂 2	2.00	2.50	2.50	1.50	1.00

知识链接

1. 规划求解

在经济建设中，经常碰到大宗物资的联合调动问题，如煤炭、钢材、粮食等物资在全国有若干个生产基地。根据现有的交通网，应如何制订调运方案，将这些物资运到各消费点且总运费达到最小？这类问题称为运输问题。根据运筹学知识可知，运输问题的数学模型如下：

$$\text{Min } w = \sum_{i=1}^{m}\sum_{j=1}^{n} C_{ij} X_{ij}$$

$$\text{s.t.} \begin{cases} \sum_{j=1}^{n} X_{ij} = a_i \ (i=1, 2, \cdots, m) \\ \sum_{i=1}^{m} X_{ij} = b_j \ (j=1, 2, \cdots, n) \\ X_{ij} \geqslant 0 \ (i=1, 2, \cdots, m; j=1, 2, \cdots, n) \end{cases}$$

其中，w 为总运费，m 为产地，n 为销地。用 a_i（$i=1, 2, \cdots, m$）表示 m 个产地，用 b_j（$j=1, 2, \cdots, n$）表示 n 个销地。a_i 运到 b_j 的单位运价为 C_{ij}（$i=1, 2, \cdots, m; j=1, 2, \cdots, n$）；$a_i$ 调运到 b_j 的运量为 X_{ij} 个单位（$i=1, 2, \cdots, m; j=1, 2, \cdots, n$）。在 Excel 规划求解中，将 w 作为目标函数，将其公式创建在目标单元格中，求其最小值，C_{ij}、X_{ij} 作为变量创建在可变单元格中，s.t. 中三个条件作为约束条件，从而建立模型求最优解。

Excel 提供的规划求解可以很好地解决这类问题，它避免了在手工状态下图解法的烦琐和不准确性，使用起来也非常方便。Excel 的"规划求解"工具取自得克萨斯大学奥斯汀分校的里昂·拉斯登（Leon Lasdon）和克里夫兰州立大学的艾伦·沃伦（Allan Waren）共同开发的 Generalized Reduced Gradient（GRG2）非线性最优化代码；线性和整数规划问题取自 Frontline Systems 公司的约翰·沃森（John Watson）和丹·费斯特拉（Dan Fylstra）提供的有界变量单纯形法和分支边界法。它是 Excel 中的一个加载宏，集成了优化程序，能根据约束条件自动调整指定的可变单元格（数学中称为变量）中的值，从而求出最优解。Excel 规划求解主要涉及目标单元格、可变单元格、约束及最值，与数学模型中的函数、变量、条件及最大/最小值或固定值相对应，因此可以利用规划求解来解决数学方面的问题。

2．SUMPRODUCT 函数

【格式】=SUMPRODUCT（区域 1，区域 2，…）。

【作用】将多个给定区域中的对应单元格相乘再相加，给定区域必须具有相同的维数（即行数和列数），否则计算将出现错误值 #VALUE!。

任务实施

1．建立表格模型

根据已知条件建立 Excel 表格模型，如图 6-1 所示。

	A	B	C	D	E	F	G	H
1		单位产品运输成本（已知条件）						
2		客户 1	客户 2	客户 3	客户 4	客户 5		
3	工厂 1	1.75	2.25	1.50	2.00	1.50		
4	工厂 2	2.00	2.50	2.50	1.50	1.00		
5								
6								
7		运输方案（求解结果）						
8		客户 1	客户 2	客户 3	客户 4	客户 5	合计	产能
9	工厂 1	0	0	0	0	0	0	60,000
10	工厂 2	0	0	0	0	0	0	60,000
11	合 计	0	0	0	0	0		
12	需 求	30,000	23,000	15,000	32,000	16,000		
13	运输总成本	0.0						

图 6-1　建立规划求解表格模型

网络运输
问题规划求解

说明：

① B9:F10 单元格区域是变量区域（可变单元格），变量区域的初始值全部设置为 0。

② B11 单元格为客户 1 收到的来自两个工厂的产品数合计，公式为"=SUM(B9:B10)"。

③ G9 单元格为工厂 1 出货的合计，公式为"=SUM(B9:F9)"。

④ C13 单元格为运输总成本，公式为"=SUMPRODUCT(B3:F4,B9:F10)"。

2. 加载"规划求解"宏

选择"文件"选项卡,选择"选项",进入"Excel 选项"对话框,如图 6-2 所示。

图 6-2　Excel 选项

在"Excel 选项"对话框中切换到"加载项"页,单击下方"转到"按钮,在弹出的"加载项"对话框中勾选"规划求解加载项",如图 6-3 所示,单击"确定"完成加载。

图 6-3　添加"规划求解加载项"

3. 设置规划求解参数和约束条件

执行"数据"选项卡下"分析"组中的"规划求解"命令，进入"规划求解参数"对话框，在对话框中设置运算参数和约束条件，如图6-4所示。

图6-4　设置规划求解参数和约束条件

【设置目标单元格】即放置运输总成本运算结果的单元格。

【等于】这里求最小值。

【可变单元格】可变单元格是电子表格中可以进行更改或调整以优化目标单元格的单元格，即变量区域，本例中各工厂到各客户的运量为变量。

【约束】

① 非负约束：由于产品的运输数量不能是负数，故必须有此约束，这是一个隐含条件，否则求解结果不正确（即如图6-4所示对话框中的第二个约束）。

② 其他约束：各客户接受的产品数量≥需求量（即图6-4对话框中的第一个约束）；各工厂的出货总量≤工厂产能（即图6-4对话框中的第三个约束）。

> **思考与点拨：**
> 　　规划求解中各约束条件的含义是什么？
> 　　规划求解的约束条件十分关键。在定义约束条件时要注意约束条件的含义，其中int表示引用的单元格结果值要为整数，bin表示引用的单元格结果值要为二进制（0或者1），dif表示引用的单元格结果值为不重复值。

4. 求解最优解

单击"规划求解参数"对话框中的"求解"按钮，即可得到运算出的优化运输方案和运输总成本，如图6-5所示。

	A	B	C	D	E	F	G	H
1	单位产品运输成本（已知条件）							
2		客户1	客户2	客户3	客户4	客户5		
3	工厂1	1.75	2.25	1.50	2.00	1.50		
4	工厂2	2.00	2.50	2.50	1.50	1.00		
5								
6								
7	运输方案（求解结果）							
8		客户1	客户2	客户3	客户4	客户5	合计	产能
9	工厂1	30,000	15,000	15,000	0	0	60,000	60,000
10	工厂2	0	8,000	0	32,000	16,000	56,000	60,000
11	合计	30,000	23,000	15,000	32,000	16,000		
12	需求	30,000	23,000	15,000	32,000	16,000		
13	运输总成本	192,750.0						

图 6-5 规划求解结果

任务小结

物流中经常需要遇到解决优化问题，包括网络调运物资的运费最小问题、选址问题、经济订货批量模型等，这些问题都可以通过 Excel 的规划求解宏来完成。Excel 规划求解的基本步骤包括建立表格模型、设定计算目标、添加约束条件、求解最优解等。将工作问题转化为表格模型，并准确设置约束条件是规划求解的关键。

实践训练

某商品混凝土公司在城市的不同位置修建了三个搅拌站生产混凝土，三个搅拌站的最大产量分别为 2 000t、2 500t、2 200t，这三个搅拌站要为城市的六个建筑工地供应混凝土，六个建筑工地的需求量分别为 800t、750t、600t、780t、820t、670t，已知各搅拌站到各工地的单位运输成本如表 6-2 所示，请用 Excel 计算出能使运输总成本最低的优化运输方案。

表 6-2 单位运输成本 （单位：元/t）

搅拌站＼工地	工地1	工地2	工地3	工地4	工地5	工地6
搅拌站1	8.9	8.4	7.9	8.8	8.6	9.1
搅拌站2	7.5	7.6	8.5	8.7	7.6	9.3
搅拌站3	8.4	8.6	7.9	7.8	8.2	8.9

任务 2　最短路径问题规划求解

任务目的

1. 掌握最短路径规划问题的目的和意义。
2. 掌握 SUMIF 函数的应用。
3. 掌握使用规划求解工具进行最短路径问题规划的操作步骤。

工作任务

MY 搬家公司接受 KE 物业公司的委托，为其把办公室家具和设备搬运到新总部，道路网络图（单位：km）如图 6-6 所示。假如你是 MY 搬家公司的调度员，你会推荐哪条线路？

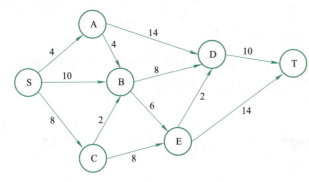

图 6-6　道路网络图

知识链接

1. 最短路径问题的概念

最短路径问题，就是从给定的网络图中找出一点到各点或任意两点之间距离最短的一条路线。通俗来讲，就是在所有的路线中找到一条距离最短的路线。它在社会活动中有非常重要的实践意义，广泛应用于交通工程、通信工程、计算机科学、系统工程、运筹学、信息论、控制理论等众多领域。

最短路径问题的本质是路线最优问题。通常所讲的最短路径问题不仅指地理上的距离最短，还包括费用最少或者时间最短等问题。如选址、管道铺设时的选线、设备更新、投资等问题，都可以归结为求最短路径问题。

2. 最短路径问题的数学表达式

假设有向图有 n 个顶点，现需要求从顶点 1 到顶点 n 的最短路径。设 $W=(w_{ij})_{n \times n}$ 为赋权邻接矩阵，其分量为

$$w_{ij} = \begin{cases} w(v_i, v_j), & v_iv_j \in E \\ \infty, & \text{其他} \end{cases}$$

决策变量为 x_{ij}，$x_{ij}=1$，说明弧 v_iv_j 位于顶点 1 至顶点 n 的路上；否则 $x_{ij}=0$。其数学规划表达式为

$$\text{Min} \sum_{v_iv_j \in E} w_{ij} x_{ij}$$

$$\text{s.t.} \sum_{\substack{j=1 \\ v_iv_j \in E}}^{n} x_{ij} - \sum_{\substack{j=1 \\ v_iv_j \in E}}^{n} x_{ji} = \begin{cases} 1, & i=1 \\ 0, & i \neq 1, n \\ -1, & i=n \end{cases}$$

$$x_{ij} = 0 \text{ 或 } 1$$

3. 最短路径问题的求解

从最短路径问题的数学模型可以看出，其本质上是一个线性规划模型。因此，可以考虑使用 Excel 的规划求解工具进行求解。

✓ 任务实施

1. 建立数学模型

设决策为

$$x_{ij} = \begin{cases} 1, & \text{弧 } v_iv_j \text{ 位于顶点 S 至顶点 T 的路上} \\ 0, & \text{弧 } v_iv_j \text{ 不在顶点 S 至顶点 T 的路上} \end{cases}$$

$\text{Min } L = 4x_{SA} + 10x_{SB} + 8x_{SC} + 4x_{AB} + 14x_{AD} + 8x_{BD} + 6x_{BE} + 2x_{CB} + 8x_{CE} + 10x_{DT} + 2x_{ED} + 14x_{ET}$

$\text{s.t.} \quad x_{SA} + x_{SB} + x_{SC} = 1$

$x_{AB} + x_{AD} - x_{SA} = 0$

$x_{BD} + x_{BE} - x_{SB} - x_{AB} - x_{CB} = 0$

$x_{CB} + x_{CE} - x_{SC} = 0$

$x_{DT} - x_{AD} - x_{BD} - x_{ED} = 0$

$x_{ED} + x_{ET} - x_{BE} - x_{CE} = 0$

最短路径问题规划求解

$$x_{DT} + x_{ET} = -1$$

$$x_{ij} = 0 \text{ 或 } 1$$

2. 在电子表格中输入基础数据

如图 6-7 所示，在 B4:E15 区域输入各段路线及其距离。将 B4:B15 命名为"从"，将 C4:C15 命名为"至"，将 D4:D15 命名为"距离"，将 E4:E15 命名为"是否选择"。

A	B	C	D	E
	输入基础数据			
	从	至	距离	是否选择
	S	A	4	0
	S	B	10	0
	S	C	8	0
	A	B	4	0
	A	D	14	0
	B	D	8	0
	B	E	6	0
	C	B	2	0
	C	E	8	0
	D	T	10	0
	E	D	2	0
	E	T	14	0

图 6-7 输入基础数据

3. 编辑目标函数

如图 6-8 所示，在 C18 单元格输入公式"=SUMPRODUCT（距离,是否选择）"。

A	B	C	D	E
	输入基础数据			
	从	至	距离	是否选择
	S	A	4	0
	S	B	10	0
	S	C	8	0
	A	B	4	0
	A	D	14	0
	B	D	8	0
	B	E	6	0
	C	B	2	0
	C	E	8	0
	D	T	10	0
	E	D	2	0
	E	T	14	0
	目标函数			
	最短距离	=SUMPRODUCT(距离,是否选择)		

图 6-8 编辑目标函数

> **思考与点拨：**
>
> 公式"=SUMPRODUCT(距离,是否选择)"应该如何理解？
>
> SUMPRODUCT( )函数是在给定的几组数组中，将数组间对应的元素相乘，并返回乘积之和。其语法形式为"=SUMPRODUCT(array1, [array2], [array3], …)"，数组参数个数为2～255个。在任务中，公式"=SUMPRODUCT(距离,是否选择)"与公式"=sum(D4:D15* E4:E15)"或公式"=D4*E4+D5*E5+D6*E6+…+D15*E15)"的计算结果相同，但使用数组公式可以为类似于SUMPRODUCT( )函数的计算提供更通用的解法。
>
> 需要注意的是：数组参数必须具有相同的维数，否则，函数SUMPRODUCT( )将返回错误值#VALUE!；函数SUMPRODUCT( )将非数值型的数组元素作为0处理。

4. 编辑约束条件式

如图6-9所示，在区域G4:G10输入各个节点的名称。在H4单元格输入公式"=SUMIF(从,G4,是否选择) – SUMIF(至,G4,是否选择)"，将该公式向下填充到H10。在J4单元格输入"1"，在J10单元格输入"–1"，在J5:J9区域输入"0"。

	F	G	H	I	J
1					
2					
3		节点	净流量		限制
4		S	=SUMIF(从,G4,是否选择)-SUMIF(至,G4,是否选择)	=	1
5		A	=SUMIF(从,G5,是否选择)-SUMIF(至,G5,是否选择)	=	0
6		B	=SUMIF(从,G6,是否选择)-SUMIF(至,G6,是否选择)	=	0
7		C	=SUMIF(从,G7,是否选择)-SUMIF(至,G7,是否选择)	=	0
8		D	=SUMIF(从,G8,是否选择)-SUMIF(至,G8,是否选择)	=	0
9		E	=SUMIF(从,G9,是否选择)-SUMIF(至,G9,是否选择)	=	0
10		T	=SUMIF(从,G10,是否选择)-SUMIF(至,G10,是否选择)	=	-1
11					

图6-9 编辑约束条件式

5. 使用规划求解工具求解

选中目标函数单元格C18，单击"数据|分析|规划求解"，如图6-10所示。

图 6-10 打开规划求解工具

在弹出的"规划求解参数"对话框中,设置目标为单元格 C18 到"最小值","通过更改可变单元格"设置为"E4:E15",如图 6-11 所示。

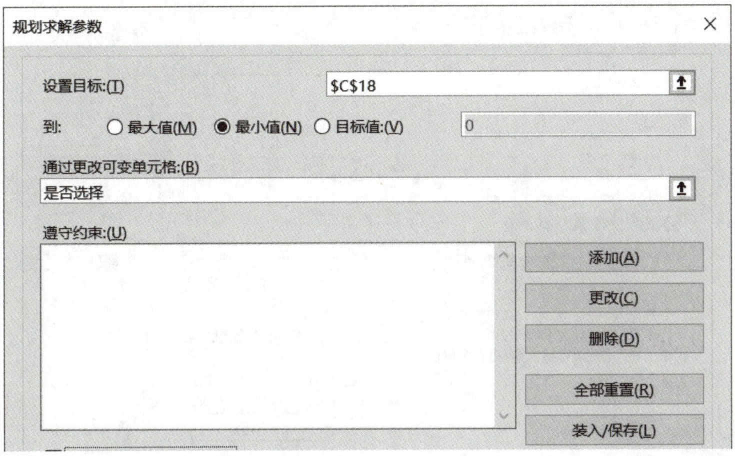

图 6-11 规划求解参数设置 1

单击"遵守约束"右侧的"添加"按钮,弹出"添加约束"对话框,"单元格引用"输入"$H$4:$H$10",约束输入"$J$4:$J$10",单击右侧箭头,在下拉菜单中选择"=",单击"添加";"改变约束"对话框中"单元格引用"输入"$E$4:$E$15",单击右侧箭头,在下拉菜单中选择"bin",即设置决策变量为"二进制",单击"确定",如图 6-12 所示。

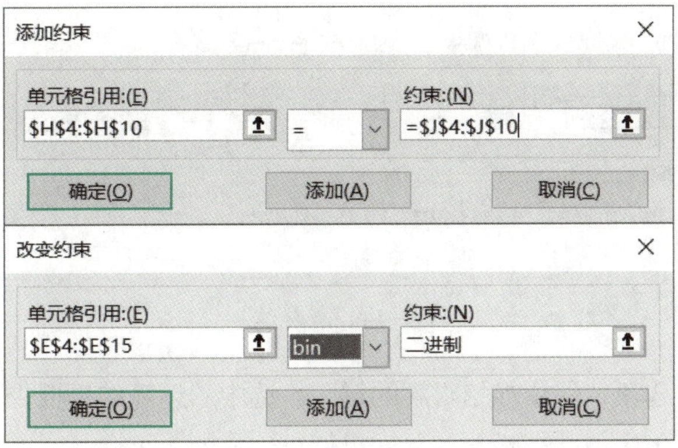

图 6-12 设置约束条件

157

勾选"使无约束变量为非负数",单击"选择求解方法"右侧箭头,在下拉菜单中选择"单纯线性规划",如图 6-13 所示。

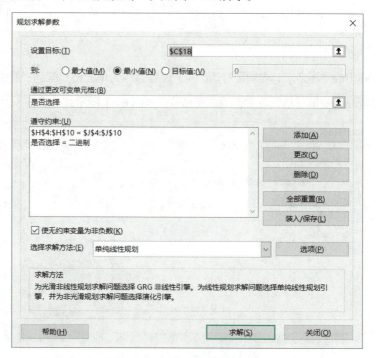

图 6-13　规划求解参数设置 2

单击"求解",弹出"规划求解结果"对话框,如图 6-14 所示。

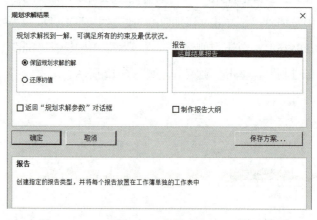

图 6-14　求解结果

保留默认选项"保留规划求解的解",选中"运算结果报告",单击"确定"即可得到规划求解的解及运算结果报告,如图 6-15 所示。

	A	B	C	D	E	F	G	H	I	J
1										
2	输入基础数据									
3	从	至	距离	是否选择		节点	净流量			限制
4	S	A	4	1		S	1		=	1
5	S	B	10	0		A	0		=	0
6	S	C	8	0		B	0		=	0
7	A	B	4	1		C	0		=	0
8	A	D	14	0		D	0		=	0
9	B	D	8	0		E	0		=	0
10	B	E	6	1		T	-1		=	-1
11	C	B	2	0						
12	C	E	8	0						
13	D	T	10	1						
14	E	D	2	1						
15	E	T	14	0						
16										
17	目标函数									
18	最短距离		26							

a)

结果: 规划求解找到一解, 可满足所有的约束及最优状况。
规划求解引擎
　引擎: 单纯线性规划
　求解时间: 0.031 秒。
　迭代次数: 10 子问题: 0
规划求解选项
　最大时间 无限制, 迭代 无限制, Precision 0.000001
　最大子问题数目 无限制, 最大整数解数目 无限制, 整数允许误差 1%, 假设为非负数

目标单元格 (最小值)

单元格	名称	初值	终值
$C$18	最短距离 T	0	26

可变单元格

单元格	名称	初值	终值	整数
$E$4	A 是否选择	0	1	二进制
$E$5	B 是否选择	0	0	二进制
$E$6	C 是否选择	0	0	二进制
$E$7	B 是否选择	0	1	二进制
$E$8	D 是否选择	0	0	二进制
$E$9	D 是否选择	0	0	二进制
$E$10	E 是否选择	0	1	二进制
$E$11	B 是否选择	0	0	二进制
$E$12	E 是否选择	0	0	二进制
$E$13	T 是否选择	0	1	二进制
$E$14	D 是否选择	0	1	二进制
$E$15	T 是否选择	0	0	二进制

约束

单元格	名称	单元格值	公式	状态	型数值
$H$4	S 净流量	1	$H$4=$J$4	到达限制值	0
$H$5	A 净流量	0	$H$5=$J$5	到达限制值	0
$H$6	B 净流量	0	$H$6=$J$6	到达限制值	0
$H$7	C 净流量	0	$H$7=$J$7	到达限制值	0
$H$8	D 净流量	0	$H$8=$J$8	到达限制值	0
$H$9	E 净流量	0	$H$9=$J$9	到达限制值	0
$H$10	T 净流量	-1	$H$10=$J$10	到达限制值	0
$E$4:$E$15=二进制					

b)

图 6-15 规划求解的解及运算结果报告
a) 规划求解的解 b) 运算结果报告

从上图可以得出,最短路径为 S→A→B→E→D→T,最短距离为 26km。因此,应当选择路线 S→A→B→E→D→T 作为推荐路线。

任务小结

最短路径问题广泛应用于交通、电路、通信等实际领域。它的目标是寻找一条从起点到终点总长度最短的路线。在一些实际应用中,长度指的是距离,所以最短路径的目标就是总行进距离最短。但是,也有一些最短路径的应用目标是使得一系列活动的总成本或总时间最短。最短路径问题是一类特殊的线性规划问题,在 Excel 中利用 Solver 求解器解决最短路径问题的关键是将问题描述为线性规划模型,难点是对于约束条件中节点净流量计算公式"=SUMIF(从 ,**, 是否选择) – SUMIF(至 ,**, 是否选择)"的理解。

实践训练

某物流公司计划从产地 O 出发,将产品运输到销地 T,具体的运输网络图如图 6-16 所示,每条弧的数据是油料消耗的费用(单位:元),该公司应如何安排运输路线使得总运费最少?

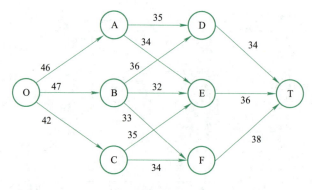

图 6-16 运输网络图

任务 3 节约里程法的 Excel 求解

任务目的

1. 掌握节约里程法的目的和意义。

2. 理解节约里程法的核心思想。

3. 掌握使用 IF 函数、数据排序等功能进行路线规划的操作步骤。

📋 工作任务

BJ 公司是广州某物流中心的服务商，其公司客户分布在全国各地。某日，BJ 公司同时接到广东省内七家客户及省外一家特殊客户的订货，客户分布地区及货物需求量如表 6-3 所示。

表 6-3 客户分布地区及货物需求量

客户分布地区	东莞	江门	惠州	阳江	汕尾	揭阳	汕头	漳州
货物需求量（t）	4.3	1.8	0.7	2.2	3.6	3.6	1.8	2

广州物流中心为这次送货提供了三种车型若干，其载重量分别为 2t、5t 和 8t，不同车型的运输单价不一样，具体如表 6-4 所示。

表 6-4 运输单价表

车辆载重（t）	2	5	8
运价（元/km）	2.4	2.7	3.65
可用数量（辆）	若干	若干	1

试用节约里程法制订最优的送货方案。

🔗 知识链接

1. 节约里程法的概念

节约里程法是用来解决运输车辆数目不确定的问题的一种启发式算法。利用节约里程法确定运输路线的目的是根据承运方的运输能力以及到客户之间的距离和各客户之间的距离来制订能够使车辆总的周转量达到或接近最小的运输方案。

2. 节约里程法的核心思想

节约里程法核心思想是依次将运输问题中每两个回路合并为一个回路，使每次合并后的总运输距离减小的幅度最大，直到达到一辆车的装载限制时，再进行下一辆车的优化。

3. 节约里程法的计算公式

假设 P 为物流中心，分别向客户 A、B 送货。P 到 A、B 的距离分别为 d_1 和 d_2，客户之间的距离为 d_{12}。送货方案有两种，一是配送中心向两个客户分别送货（如图 6-17a 所示）；二是配送中心向两个客户同时送货（如图 6-17b 所示）。比较两种方案下，配送的距离能够节约多少，路程最短的方案，所采用的就是节约里程法。

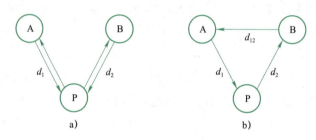

图 6-17 节约里程法示意图

a）单独配送　b）共同配送

在图 6-17a 中运输距离为 $2(d_1+d_2)$；图 6-17b 中运输距离为 $d_1+d_2+d_{12}$；合并后的总运输距离之差为 $2(d_1+d_2)-(d_1+d_2+d_{12})=d_1+d_2-d_{12}$。即：节约里程数的计算公式是两需求点到物流中心的距离之和减去两需求点间的距离。

✓ 任务实施

1. 确定节点间的最短距离

根据客户网络分布图确定物流中心与客户以及任意两个客户之间的最短距离。对于实际问题可以通过地图网站测距完成。抽象的网络问题可以利用本项目任务 2 最短路径规划的求解思路进行确定。

将本案例的物流中心及各客户之间的最短距离输入电子表格，如图 6-18 所示。

节约里程法
Excel 求解

	A	B	C	D	E	F	G	H	I	J	K
1											
2		1.确定最短距离									
3											
4			广州								
5		东莞	50	东莞							
6		江门	53	84	江门						
7		惠州	116	64	152	惠州					
8		阳江	173	214	136	278	阳江				
9		汕尾	221	165	231	107	351	汕尾			
10		揭阳	333	265	338	278	478	126	揭阳		
11		汕头	344	295	370	235	491	144	35	汕头	
12		漳州	478	418	492	355	629	289	165	158	漳州
13											

图 6-18　各节点之间的最短距离

2．计算节约里程数

根据节约里程数的计算公式，计算将东莞客户与其他客户路线合并后所节约的里程数。在 C17 单元格输入公式"=IF($C$5+C6-D6<0,0,$C$5+C6-D6)"，并向下填充至 C23，如图 6-19 所示。

	A	B	C	D
1				
2		1.确定最短距离		
3				
4			广州	
5		东莞	50	东莞
6		江门	53	84
7		惠州	116	64
8		阳江	173	214
9		汕尾	221	165
10		揭阳	333	265
11		汕头	344	295
12		漳州	478	418
13				
14		2.计算节约里程数		
15				
16			东莞	
17		江门	=IF($C$5+C6-D6<0,0,$C$5+C6-D6)	江门
18		惠州	=IF($C$5+C7-D7<0,0,$C$5+C7-D7)	
19		阳江	=IF($C$5+C8-D8<0,0,$C$5+C8-D8)	
20		汕尾	=IF($C$5+C9-D9<0,0,$C$5+C9-D9)	
21		揭阳	=IF($C$5+C10-D10<0,0,$C$5+C10-D10)	
22		汕头	=IF($C$5+C11-D11<0,0,$C$5+C11-D11)	
23		漳州	=IF($C$5+C12-D12<0,0,$C$5+C12-D12)	
24				

图 6-19　东莞客户与其他客户合并路线的节约里程数

同理可以计算出所有的节约里程数，结果如图 6-20 所示。

2．计算节约里程数

	东莞						
江门	19	江门					
惠州	102	17	惠州				
阳江	9	90	11	阳江			
汕尾	106	43	230	43	汕尾		
揭阳	118	48	171	28	428	揭阳	
汕头	99	27	225	26	421	642	汕头
漳州	110	39	239	22	410	646	664	漳州

图 6-20 节约里程数计算结果

3．节约里程数排序

先将步骤 2 的计算结果运用 "复制" 和 "选择性粘贴 – 数值" 的方式整理到一列中，如图 6-21a 所示，再将其按降序排列，其结果如图 6-21b 所示。

a) 节约里程数整理

	A	B	C	D
25		3.节约里程数排序		
27		东莞	江门	19
28		东莞	惠州	102
29		东莞	阳江	9
30		东莞	汕尾	106
31		东莞	揭阳	118
32		东莞	汕头	99
33		东莞	漳州	110
34		江门	惠州	17
35		江门	阳江	90
36		江门	汕尾	43
37		江门	揭阳	48
38		江门	汕头	27
39		江门	漳州	39
40		惠州	阳江	11
41		惠州	汕尾	230
42		惠州	揭阳	171
43		惠州	汕头	225
44		惠州	漳州	239
45		阳江	汕尾	43
46		阳江	揭阳	28
47		阳江	汕头	26
48		阳江	漳州	22
49		汕尾	揭阳	428
50		汕尾	汕头	421
51		汕尾	漳州	410
52		揭阳	汕头	642
53		揭阳	漳州	646
54		汕头	漳州	664

b) 节约里程数降序排列

	A	B	C	D
25		3.节约里程数排序		
27		汕头	漳州	664
28		揭阳	漳州	646
29		揭阳	汕头	642
30		汕尾	揭阳	428
31		汕尾	汕头	421
32		汕尾	漳州	410
33		惠州	漳州	239
34		惠州	汕尾	230
35		惠州	汕头	225
36		惠州	揭阳	171
37		东莞	揭阳	118
38		东莞	漳州	110
39		东莞	汕尾	106
40		东莞	惠州	102
41		东莞	汕头	99
42		江门	阳江	90
43		江门	揭阳	48
44		江门	汕尾	43
45		阳江	汕尾	43
46		江门	漳州	39
47		阳江	揭阳	28
48		江门	汕头	27
49		阳江	汕头	26
50		阳江	漳州	22
51		东莞	江门	19
52		江门	惠州	17
53		惠州	阳江	11
54		东莞	阳江	9

图 6-21 节约里程数排序
a）节约里程数整理　b）节约里程数降序排列

说明：在计算节约里程数时也可以考虑将结果显示在同一列，将公式全部设置为绝对引用，即可直接排序。

4. 路线规划

根据步骤3的结果，将汕头和漳州合并路线，所节约的里程数最多，其总需求量为1.8+2=3.8<8，可以考虑继续往线路上添加节点，将排在第二位的揭阳→漳州合并到路线中，总需求量为1.8+2+3.6=7.4<8，此时，若再合并其他任意需求点到路线上都将超载，所以第一条路线为广州→揭阳→漳州→汕头→广州。

剩下的节点中将惠州和汕尾进行路线合并时所节约的里程数最大，此时的总需求量为0.7+3.6=4.3<5。第二条路线为广州→惠州→汕尾→广州。

同理可以确定第三条路线为广州→东莞→广州。第四条线路为广州→江门→阳江→广州。

5. 结果分析

如果每个客户单独配送，则需安排4辆2t、4辆5t的车给每个客户送货。单独送货的路线及运费如表6-5所示。

表6-5 单独送货的路线及运费

路线	车型（t）	距离（km）	单价（元/km）	运费（元）
广州－东莞－广州	5	100	2.70	270.00
广州－江门－广州	2	106	2.40	254.40
广州－惠州－广州	2	232	2.40	556.80
广州－阳江－广州	5	346	2.70	934.20
广州－汕尾－广州	5	442	2.70	1 193.40
广州－揭阳－广州	5	666	2.70	1 798.20
广州－汕头－广州	2	688	2.40	1 651.20
广州－漳州－广州	2	956	2.40	2 294.40
合计		3 536		8 952.60

采用节约里程法，送货路线及运费如表6-6所示。

表6-6 节约里程法送货的路线及运费

路线	车型(t)	距离（km）	单价（元/km）	运费（元）
广州－东莞－广州	5	100	2.70	270.00
广州－江门－阳江－广州	5	362	2.70	977.40
广州－惠州－汕尾－广州	5	444	2.70	1 198.80
广州－揭阳－漳州－汕头－广州	8	1 000	3.65	3 650.00
合计	—	1 906	—	6 096.20

通过对比单独送货方案与节约里程法送货方案可知，后者可以节约里程1 630km（=3 536－1 906），节约成本2 856.40元（=8 952.60－6 096.20）。

任务小结

节约里程法是用来解决运输车辆数目不确定的问题的一种启发式算法。其原理是依次将运输问题中每两个回路合并为一个回路，使每次合并后的总运输距离减小的幅度最大，直到达到一辆车的装载限制时，再进行下一辆车的优化。节约里程法虽然可以快速求解得到一个接近最优的满意解，但其计算出的配送路线并不是总路程最短。应用Excel实现节约里程法，通过合理使用绝对引用和相对引用可以快速准确地计算出各个客户之间能够节约的里程，应用排序功能可以快速实现节约里程数的大小排序，提高工作效率。

实践训练

某大型连锁水果店共有一个物流中心P和10个水果连锁分店，目前由物流中心直接向客户点进行往返的一对一送货。现将10个连锁分店依次从A～J进行编号，已知各分店的需求量（单位：t）如表6-7所示。

表6-7 各分店的需求量

分店	A	B	C	D	E	F	G	H	I	J
需求量(t)	0.7	1.5	0.8	0.4	1.4	1.5	0.6	0.8	0.5	0.6

现物流中心备用 2t 和 4t 的货车，受客户时间要求和运输成本的限制，送货车辆一次往返不得超过 30km。该物流中心到分店的距离以及各分店之间的距离如图 6-22 所示，连线上的数字为两点间的距离（单位：km），请用节约里程法制订最优的送货方案。

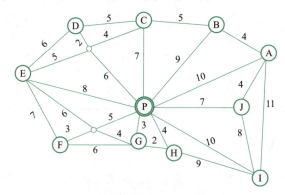

图 6-22　连锁水果店网络图

任务 4　物流节点选址规划

任务目的

1. 掌握重心法选址的模型。
2. 理解重心法选址的计算原理。
3. 能够用 Excel 进行重心法选址建模。
4. 能够用 Excel 进行重心法选址求解。

工作任务

某公司有两个工厂向仓库供货，再由仓库供应三个需求中心，现需要寻找使运输成本最小的单一仓库的位置。产品 A 由 P1 负责供应、产品 B 由 P2 供应。这些产品随后再被运到 M1、M2、M3 市场。工厂和市场坐标、货物运输量和运输费率如表 6-8 所示。

表 6-8 工厂和市场坐标、货物运输量和运输费率表

地点	运输量	运输费率	坐标	
i	V_i（件）	R_i（元/件/km）	X_i	Y_i
P1	2 000	0.05	3	8
P2	3 000	0.05	8	2
M1	2 500	0.075	2	5
M2	1 000	0.075	6	4
M3	1 500	0.075	8	8

知识链接

重心法是物流配送中心单一设施选址的基本解析方法，其宗旨是寻找一个可以实现运输成本最小化的地址。该模型选址因素只考虑运输费率和各点的货物运输量，运输路线为直线且运费随距离呈线性增加，不考虑仓储配送中心的建设成本。如图 6-23 所示，P_1，P_2，$\cdots$，P_n 为 N 个客户的地理位置坐标，现需要建立一个配送中心 P_0 为客户供货，设（x_0，y_0）的坐标即为待求配送中心位置。

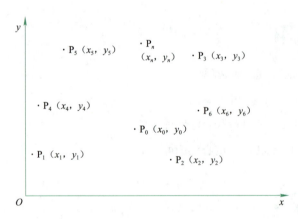

图 6-23 设施选址图示

x_0、y_0 计算公式为

$$x_0 = \frac{\sum_{i=1}^{n} x_i V_i}{\sum_{i=1}^{n} V_i} \qquad y_0 = \frac{\sum_{i=1}^{n} y_i V_i}{\sum_{i=1}^{n} V_i}$$

式中：x_0，y_0——仓储配送中心坐标；

x_i，y_i——每个供需点的坐标；

V_i——每个供需点的运输量。

在计算出拟建地址后，可以根据下式算出最小的运输总成本：

$$\text{Min}TC = \sum_i V_i R_i d_i$$

式中：TC——总运输成本；

V_i——到 i 点的运输量；

R_i——到 i 点的运输费率；

d_i——从拟建的仓储配送中心到 i 点的距离。

$$d_i = \sqrt{(x_i - x_0)^2 + (y_i - y_0)^2}$$

式中：x_0，y_0——新建仓储配送中心的坐标；

x_i，y_i——供应商和需求点位置坐标。

◯ 任务实施

1．建立 Excel 模型

将表 6-8 中的已知信息输入 Excel，并假设待求的配送中心位置为（X_0，Y_0），如图 6-24 所示。

物流节点
选址规划

图 6-24　表格模型建立

2．计算距离和运费

在 E 列右侧新增距离和运费两列，并定义公式，计算总运费，如图 6-25 所示。

	A	B	C	D	E	F	G
1	地点	运输总量	运输费率	坐标值		距离	运费
2	i	Vi (件)	Ri (元/件/公里)	Xi	Yi	di(公里)	ViRidi(元)
3	P1	2000	0.05	3	8	=SQRT((D3-A$12)^2+(E3-B$12)^2)	=B3*C3*F3
4	P2	3000	0.05	8	2	=SQRT((D4-A$12)^2+(E4-B$12)^2)	=B4*C4*F4
5	M1	2500	0.075	2	5	=SQRT((D5-A$12)^2+(E5-B$12)^2)	=B5*C5*F5
6	M2	1000	0.075	6	4	=SQRT((D6-A$12)^2+(E6-B$12)^2)	=B6*C6*F6
7	M3	1500	0.075	8	8	=SQRT((D7-A$12)^2+(E7-B$12)^2)	=B7*C7*F7
8							
9							
10		配送中心位置					
11		X0	Y0				
12	0	0					
13							
14							
15	总运费	=SUM(G3:G7)					

图 6-25　编辑公式计算距离和运费

3．规划求解

单击"数据|分析|规划求解"命令，进入"规划求解参数"对话框，设置规划求解参数，如图 6-26 所示。目标单元格为总运费计算公式所在的单元格，通过更改可变单元格为待求的配送中心坐标。

图 6-26　规划求解参数设置

设置规划求解参数后，单击"求解"，即可求得配送中心最佳位置和最小总运费，如图 6-27 所示。

项目 6 运输规划数据分析

	A	B	C	D	E	F	G
1	地点	运输总量	运输费率	坐标值		距离	运费
2	i	Vi（件）	Ri（元/件/公里）	Xi	Yi	di(公里)	ViRidi(元)
3	P1	2000	0.05	3	8	3.5080	350.7962
4	P2	3000	0.05	8	2	4.3470	652.0566
5	M1	2500	0.075	2	5	2.9107	545.7531
6	M2	1000	0.075	6	4	1.5187	113.9046
7	M3	1500	0.075	8	8	4.2667	480.0031
8							
9							
10	配送中心位置						
11	X0	Y0					
12	4.9101	5.0577					
13							
14							
15	总运费	2142.51362					

图 6-27 规划求解结果

任务小结

重心法是一种理想状态下的单一设施选址规划方法，只考虑了影响选址的经济因素。用 Excel 规划求解可以非常容易地实现重心法选址计算，其基本过程包括建立表格模型、定义计算公式、设置规划求解参数等，在定义公式过程中要注意开平方函数 SQRT() 的用法。

实践训练

某连锁超市拟建一个物流仓储配送中心负责其下属 5 个连锁店的物流配送。这 5 个连锁店的地理坐标和每年的物流运输量如表 6-9 所示。假设单位运量单位距离的运输成本相同，试用重心法确定该连锁超市拟建仓储配送中心的坐标位置。

表 6-9 客户坐标及需求量

	连锁店 1		连锁店 2		连锁店 3		连锁店 4		连锁店 5	
地理坐标（km）	x_1	y_1	x_2	y_2	x_3	y_3	x_4	y_4	x_5	y_5
	2	6	5	10	3	15	16	8	10	16
年物流运输量(t)	150		200		220		300		180	

项目 7

配送管理数据分析

任务 1　配送作业计划制订

任务目的

1. 熟悉配送中心作业流程。
2. 熟悉配送中心基本作业流程。
3. 掌握甘特图的制作步骤。

工作任务

打开素材文件，查看某配送中心的仓储主管初步制订的某日仓储作业进度计划，如图 7-1 所示，但该计划表不够直观，请用甘特图的形式展示仓储作业进度计划。

	A	B	C
1	工作任务	开始时间	持续时间
2	入库准备	8:30	0:30
3	验收码盘	9:00	0:10
4	入库上架	9:10	0:10
5	货物拣选	10:00	0:20
6	月台点检	10:30	0:05
7	分类打包	10:40	0:10
8	货物装车	11:00	0:10
9	出库整理	11:20	0:10

图 7-1　某日仓储作业进度计划

知识链接

1. 配送中心基本作业流程

配送中心基本作业环节包括采购入库管理、在库管理和出库配送管理。

入库管理基本活动包括入库准备、验收码盘、入库上架等。入库准备是指货物到达配送中心前所做的系列准备工作，包括货位准备、验收搬运工具准备、人员准备等；验收码盘是指到货之后对商品数量、质量、单据进行验收，剔除不合格品，对合格品按照节省、稳固的原则堆码到托盘上的操作；入库上架是指对于货架存储的货物，用叉车或堆高车将货物从地面移至相应储位的操作。

在库管理是指商品在库内进行的养护和定期盘点等作业。

出库配送管理包括货物拣选、月台点检、分类打包、货物装车、出库整理等。货物拣选是指根据客户订单需求将商品从储位拣取出来并放至指定地点的操作；月台点检是指对拣取出来的货物进行数量和品类核对，确认拣货无误的操作；分类打包是指根据商品特性分门别类进行包装的操作，主要目的是保护商品在运输途中不受损坏；货物装车是指根据配送路线规划和提高装载率原则将货物装到配送车辆上的操作；出库整理是指按照 5S 管理原则，在仓库发货完成后，对现场进行清理、整顿、清洁等的操作。

2. 甘特图

甘特图（Gantt Chart）又称为横道图、条状图。甘特图通过活动列表和时间刻度表示出特定项目的顺序与持续时间。横轴表示时间，纵轴表示项目，线条表示期间计划和实际完成情况，直观地表明计划何时进行，以及进展与要求的对比，便于管理者弄清项目的剩余任务，评估工作进度。用甘特图来展示仓储作业进度计划，将显得非常简洁直观。

任务实施

1. 插入条形图

选中 A1:C9 单元格区域，单击"插入"选项卡下"图表"组中的"堆积条形图"，生成如图 7-2 所示的条形图。

配送作业
计划制订

项目 7　配送管理数据分析

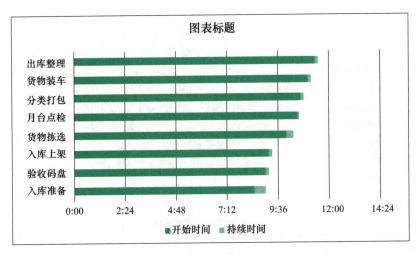

图 7-2　堆积条形图

2. 修改数据系列格式

单击图表中"开始时间"数据系列（默认为蓝色条），将"形状填充"设置为"无填充"，如图 7-3 所示。

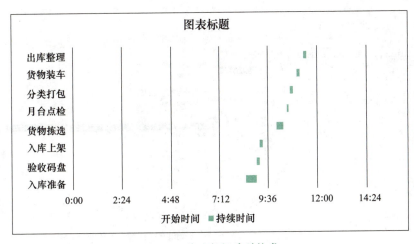

图 7-3　修改数据系列格式

3. 调整纵轴数据顺序

鼠标右击纵轴，在右键快捷菜单中选择"设置坐标轴格式"，在"设置坐标轴格式"对话框中选择"逆序类别"，完成对纵轴上项目顺序的调整，如图 7-4 所示。

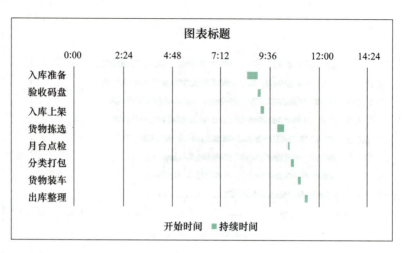

图 7-4　调整纵轴项目顺序

4. 设置横轴刻度

选择 B2:C9 单元格区域，将单元格格式设置为"数值"型（原来的数据类型为"时间型"），小数位数设置为 7 位，如图 7-5 所示。

图 7-5　设置数据类型

右键单击横轴刻度，在右键快捷菜单中选择"设置坐标轴格式"，进入"设置坐标轴格式"对话框，将边界的"最小值"设置为"0.3541667"，"最大值"设置为"0.5"，将单位的"大"设置为"0.0069444"，如图 7-6 所示。

项目 7　配送管理数据分析

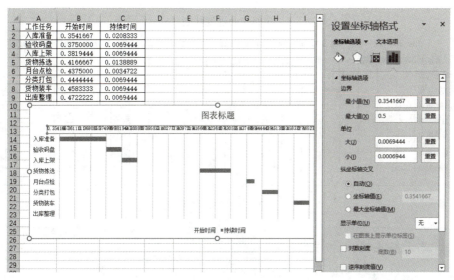

图 7-6　设置横轴刻度

选择 B2:C9 单元格区域,将其单元格格式设置为"时间"类型中的"小时:分钟"型,如图 7-7 所示。

图 7-7　将数据类型设置回"时间"型

5．对图表进行美化

选中图表,拖动右侧的控制句柄,扩展图表宽度,同时适当缩小横轴刻度字号,以确保横轴刻度能正常显示。将图表标题设置为"仓储作业进度计划",最终效果如图 7-8 所示。

177

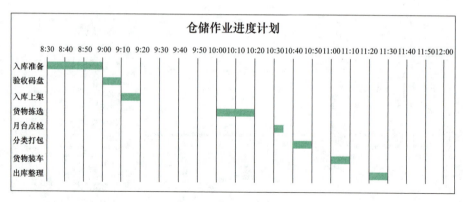

图 7-8　甘特图最终效果

> 思考与点拨：
>
> 1. 本任务的实际意义是什么？
>
> 配送作业计划制订与甘特图制作不仅是职业院校技能大赛所要求的技能，因其能帮助提升配送科学合理性，在实际工作中也很有意义。
>
> 2. 时间和刻度有没有对应关系？
>
> Excel 中时间可以用数字来表示，其中 24 时对应数字 1，相应的 1/24/60/60=0.0000115740740740741 对应 1 秒，时间和数字可以相互转换。在制作甘特图中，为使时间刻度更为规整，可能需要在时间和数字之间多次来回转换进行调整。

任务小结

物流工作跟其他很多项目性工作一样，需要在一开始确定工作的具体内容，以及每个内容所需的时间，为合理安排各项资源提供指导。而甘特图可以直观地展示工作流程及每个步骤的开始时间、持续时间。Excel 中制作甘特图主要基于条形图来完成的，操作的关键点在于刻度的设置，尤其是时间和数字之间的转换。

实践训练

某物流中心在完成拣货、打包后，拟用车辆 A 先后完成对两个客户的送货，表 7-1 列出了该车辆的送货进度计划，请将该进度计划用甘特图进行展示。

表 7-1 车辆配送进度计划

任务	开始时间	持续时间
装车	8:00	0:30
在途	8:30	0:50
卸货	9:20	0:15
返程	9:35	0:50
装车	10:25	0:35
在途	11:00	0:40
卸货	11:40	0:30
返程	12:10	0:30
到达 DC	12:40	—

任务 2 订单体积和重量计算

任务目的

1. 理解订单体积和重量快速计算的意义。
2. 掌握数据分列的方法。
3. 掌握文本分析函数的用法。
4. 掌握订单体积和重量快速计算的步骤。

工作任务

配送中心现收到 A、B、C 三个客户的订单（如图 7-9 所示），为完成配送计划，方便安排车辆和配送路线，提高车辆装载率，请快速准确地计算出每个客户所订购商品的总重量和总体积。

物流数据处理与分析（Excel版）

	A	B	C	D	E	F	G
1	客户名称	需求商品情况					需求时间
2		品名	规格	数量	毛重	体积(cm³)	
3	A	龙井茶叶	0.5kg/袋	50箱	11kg/箱	85×60×45	2022/4/22 上午11点
4		光明牛奶	0.25kg/袋	100箱	8.5kg/箱	70×50×35	
5		东北大米	50kg/袋	40袋	50kg/袋	100×45×20	
6		可口可乐	1.25kg/瓶	65箱	8.5kg/箱	60×35×50	
7		雪碧	1.25kg/瓶	65箱	8.5kg/箱	60×35×50	
8	B	雕牌洗衣粉	1kg/袋	50箱	11kg/箱	75×55×40	2022/4/22 上午10点
9		力士香皂	0.125kg/块	40箱	4.25kg/箱	60×30×25	
10		天元饼干	1kg/盒	100箱	6.5kg/箱	90×80×70	
11		可口可乐	1.25kg/瓶	80箱	8.5kg/箱	60×35×50	
12	C	喜多毛巾	70×40	20箱	10.5kg/箱	75×45×50	2022/4/22 中午12点
13		可口可乐	1.25kg/瓶	100箱	8.5kg/箱	60×35×50	
14		光明牛奶	0.25kg/袋	100箱	8.5kg/箱	70×50×35	
15		雪碧	1.25kg/瓶	100箱	8.5kg/箱	60×35×50	
16		东北大米	50kg/袋	20袋	50kg/袋	100×45×20	

图 7-9 客户订单

知识链接

1. 配送作业计划的内容

配送作业计划是指配送企业（配送中心）在一定时间内编制的生产计划。配送作业计划的主要内容应包括配送的时间、车辆选择、货物装载以及配送路线、配送顺序、预算等的具体选择。配送作业计划制订的依据包括以下几个因素：

（1）客户订单

客户订单对配送商品的品种、规格、数量、送货时间、送达地点、收货方式等都有要求，因此客户订单是制订配送计划最基本的依据。

（2）配送货物

配送货物的体积、形状、重量、性能、运输要求是决定运输方式、车辆种类、载重、容积、装卸设备的制约因素。

（3）客户分布、送货路线、送货距离

客户分布是指客户的地理位置分布。客户位置距配送据点的距离长短，以及配送据点到达客户收货地点的路径选择，直接影响配送成本。

（4）运输、装卸条件

道路交通状况、送达地点及其作业地理环境、装卸货时间、气候等对配送

项目 7 配送管理数据分析

作业的效率也有相当大的约束作用。

2. 相关函数应用

（1）LEFT 函数

【格式】=LEFT (要分析的字符串，字符个数)。

【作用】对给定字符串从左侧第一个字符开始取指定个数的字符。

（2）LEN 函数

【格式】=LEN (要分析的字符串)。

【作用】返回字符串的字符个数。

✓ 任务实施

本任务的案例数据中，"数量""毛重""体积"三列都不是标准的数值型数据类型，不能使用公式直接计算体积和重量，因此需要通过公式以及分列等操作对这三列数据处理之后，才能计算出体积和重量。客户越多、订购商品种类越多，本方法的优势越明显。

1. "毛重"列数据处理

在"毛重"列右侧插入一个空白列，列标题设置为"毛重（数值型）"，在 F3 单元格中输入公式"=LEFT(E3,LEN(E3)–4)"，向下引用至最后一种商品，即可将"毛重"数据转换为标准的数值型数据，如图 7-10 所示。

订单体积和重量计算

	A	B	C	D	E	F	G	H
1	客户名称				需求商品情况			需求时间
2		品名	规格	数量	毛重	毛重（数值型）	体积（cm³）	
3	A	龙井茶叶	0.5kg/袋	50箱	11kg/箱	11	85×60×45	2022/4/22 上午11点
4		光明牛奶	0.25kg/袋	100箱	8.5kg/箱	8.5	70×50×35	
5		东北大米	50kg/袋	40袋	50kg/袋	50	100×45×20	
6		可口可乐	1.25kg/瓶	65箱	8.5kg/箱	8.5	60×35×50	
7		雪碧	1.25kg/瓶	65箱	8.5kg/箱	8.5	60×35×50	
8	B	雕牌洗衣粉	1kg/袋	50箱	11kg/箱	11	75×55×40	2022/4/22 上午10点
9		力士香皂	0.125kg/块	40箱	4.25kg/箱	4.25	60×30×25	
10		天元饼干	1kg/盒	100箱	6.5kg/箱	6.5	90×80×70	
11		可口可乐	1.25kg/瓶	80箱	8.5kg/箱	8.5	60×35×50	
12	C	喜多毛巾	70×40	20箱	10.5kg/箱	10.5	75×45×50	2022/4/22 中午12点
13		可口可乐	1.25kg/瓶	100箱	8.5kg/箱	8.5	60×35×50	
14		光明牛奶	0.25kg/袋	100箱	8.5kg/箱	8.5	70×50×35	
15		雪碧	1.25kg/瓶	100箱	8.5kg/箱	8.5	60×35×50	
16		东北大米	50kg/袋	20袋	50kg/袋	50	100×45×20	

图 7-10 "毛重"数据处理

思考与点拨：

1. 本任务的实际意义是什么？

无论是实际工作中还是职业院校技能大赛中都会面临这种源数据不规范但又需要对数据进行计算统计的情形，学会利用公式与函数快速将数据进行规范清洗，从而快速计算得出结论，将大幅度提高工作效率和比赛成绩。

2. 对毛重列进行处理的公式"=LEFT(E3,LEN(E3)-4)"该如何理解？

LEFT( ) 函数的作用是从字符串左侧第一个字符开始往右取字符，语法结构为 LEFT(字符串，字符个数)；LEN( ) 函数的作用是返回字符串的字符个数，语法结构为 LEN(字符串)。以 F3 单元格的公式为例，内层的 LEN( ) 函数首先统计出字符串"11kg/ 箱"的字符个数为 6，然后对字符串"11kg/ 箱"从左侧第一个字符开始取 2（即 6 减 4）个字符，就得到了数值型的运算结果。

2．"体积"列数据处理

删除第一行数据，确保表格中不存在合并的单元格区域。

在 G 列右侧插入两个空白列，用于存放提取出来的宽和高的尺寸；选中 G 列，然后选择"数据"选项卡下"数据工具"组中的"分列"，在"文本分列向导"对话框中选择分列类型为"分隔符号"，单击"下一步"按钮后，在"分隔符号"下选择"其他"，输入分隔符"×"，如图 7-11 所示。

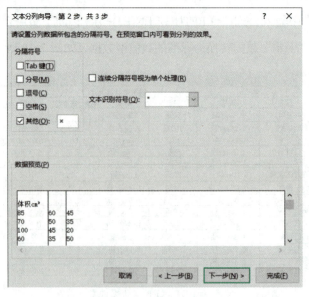

图 7-11 分隔符号设置

单击"完成"即可完成对长、宽、高数据的分列显示，将 G 列、H 列、I 列的标题分别改为"长""宽""高"，如图 7-12 所示。

	A	B	C	D	E	F	G	H	I	J
1		品名	规格	数量	毛重	毛重（数值型）	长	宽	高	需求时间
2	A	龙井茶叶	0.5kg/袋	50箱	11kg/箱	11	85	60	45	2022/4/22 上午11点
3		光明牛奶	0.25kg/袋	100箱	8.5kg/箱	8.5	70	50	35	
4		东北大米	50kg/袋	40袋	50kg/袋	50	100	45	20	
5		可口可乐	1.25kg/瓶	65箱	8.5kg/箱	8.5	60	35	50	
6		雪碧	1.25kg/瓶	65箱	8.5kg/箱	8.5	60	35	50	
7	B	雕牌洗衣粉	1kg/袋	50箱	11kg/箱	11	75	55	40	2022/4/22 上午10点
8		力士香皂	0.125kg/块	40箱	4.25kg/箱	4.25	60	30	25	
9		天元饼干	1kg/盒	100箱	6.5kg/箱	6.5	90	80	70	
10		可口可乐	1.25kg/瓶	80箱	8.5kg/箱	8.5	60	35	50	
11	C	喜多毛巾	70×40	20箱	10.5kg/箱	10.5	75	45	50	2022/4/22 中午12点
12		可口可乐	1.25kg/瓶	100箱	8.5kg/箱	8.5	60	35	50	
13		光明牛奶	0.25kg/袋	100箱	8.5kg/箱	8.5	70	50	35	
14		雪碧	1.25kg/瓶	100箱	8.5kg/箱	8.5	60	35	50	
15		东北大米	50kg/袋	20袋	50kg/袋	50	100	45	20	

图 7-12 长宽高尺寸拆分后的效果

3. 按客户计算单品体积

在 I 列右侧插入一列，列标题命名为"体积"，在 J2 单元格中输入公式"=LEFT(D2,LEN(D2)−1)*G2*H2*I2/1000000"，向下引用至最后一种商品，完成所有单品的体积计算。

4. 按客户计算单品重量

在 J 列右侧插入一列，列标题命名为"重量"，在 K2 单元格中输入公式"=LEFT(D2,LEN(D2)−1)*F2"，向下引用至最后一种商品，完成对所有单品的重量计算，如图 7-13 所示。

	A	B	C	D	E	F	G	H	I	J	K	L
1	客户	品名	规格	数量	毛重	毛重（数值型）	长	宽	高	体积	重量	需求时间
2	A	龙井茶叶	0.5kg/袋	50箱	11kg/箱	11	85	60	45	11.475	550	2022/4/22 上午11点
3		光明牛奶	0.25kg/袋	100箱	8.5kg/箱	8.5	70	50	35	12.25	850	
4		东北大米	50kg/袋	40袋	50kg/袋	50	100	45	20	3.6	2000	
5		可口可乐	1.25kg/瓶	65箱	8.5kg/箱	8.5	60	35	50	6.825	552.5	
6		雪碧	1.25kg/瓶	65箱	8.5kg/箱	8.5	60	35	50	6.825	552.5	
7	B	雕牌洗衣粉	1kg/袋	50箱	11kg/箱	11	75	55	40	8.25	550	2022/4/22 上午10点
8		力士香皂	0.125kg/块	40箱	4.25kg/箱	4.25	60	30	25	1.8	170	
9		天元饼干	1kg/盒	100箱	6.5kg/箱	6.5	90	80	70	50.4	650	
10		可口可乐	1.25kg/瓶	80箱	8.5kg/箱	8.5	60	35	50	8.4	680	
11	C	喜多毛巾	70×40	20箱	10.5kg/箱	10.5	75	45	50	3.375	210	2022/4/22 中午12点
12		可口可乐	1.25kg/瓶	100箱	8.5kg/箱	8.5	60	35	50	10.5	850	
13		光明牛奶	0.25kg/袋	100箱	8.5kg/箱	8.5	70	50	35	12.25	850	
14		雪碧	1.25kg/瓶	100箱	8.5kg/箱	8.5	60	35	50	10.5	850	
15		东北大米	50kg/袋	20袋	50kg/袋	50	100	45	20	1.8	1000	

图 7-13 计算单品重量和体积

5. 按客户汇总体积和重量

在 J 列右侧插入两列，分别将列标题命名为"体积小计"和"重量小计"，并按客户对单元格进行合并，如图 7-14 所示。

图 7-14 增加"体积小计"和"重量小计"两列

在 L2 单元格中输入公式"=SUM(J2:J6)",完成对 A 客户商品体积汇总,在 M2 单元格中输入公式"=SUM(K2:K6)",完成对 A 客户商品重量的汇总,用同样的方法完成其他客户重量和体积的汇总计算,如图 7-15 所示。

图 7-15 按客户汇总商品体积和重量

任务小结

在工作中经常会遇到数据类型不规范,但需要进行数学运算的情况,此时需要对不规范的数据列进行处理,使其成为具有合适数据类型的列。对于带有中文单位字符的数据可以通过文本函数将中文单位去掉,对于将长宽高数据放在一个列中的情况,可以通过分列的形式将其分为三列,并通过公式编辑快速完成计算。

实践训练

配送中心现收到 A～H 共八个客户的订购商品信息,如表 7-2 所示。为便于有效安排配送路线、优化车辆装载,完成配送计划,请汇总计算出每个客户所需商品的体积和重量。

表 7-2 客户需求信息

客户	品名	数量	重量	尺寸（cm×cm×cm）	送货到达时间
A	鸡蛋	20箱	10kg/箱	60×45×50	2021/5/20 上午10点
A	光明牛奶	25箱	7kg/箱	55×45×35	2021/5/20 上午10点
A	槐花蜂蜜	15箱	15kg/箱	75×50×45	2021/5/20 上午10点
A	香蕉	25箱	8kg/箱	60×45×35	2021/5/20 上午10点
B	金龙鱼色拉油	20箱	15kg/箱	75×50×45	2021/5/20 上午9:30
B	梨	20箱	15kg/箱	65×40×45	2021/5/20 上午9:30
B	统一方便面	30箱	6kg/箱	70×48×52	2021/5/20 上午9:30
B	乐百氏纯净水	15箱	10kg/箱	80×50×25	2021/5/20 上午9:30
C	鸡蛋	12箱	10kg/箱	60×45×50	2021/5/20 中午12:30
C	光明牛奶	20箱	7kg/箱	55×45×35	2021/5/20 中午12:30
C	槐花蜂蜜	12箱	15kg/箱	75×50×45	2021/5/20 中午12:30
C	橘子	10箱	10kg/箱	75×50×40	2021/5/20 中午12:30
D	维维豆奶	10箱	7kg/箱	65×40×50	2021/5/20 上午11:30
D	苹果	20箱	10kg/箱	85×55×45	2021/5/20 上午11:30
D	大米	30袋	50kg/袋	100×55×15	2021/5/20 上午11:30
D	鲜橙多	15箱	9kg/箱	80×50×35	2021/5/20 上午11:30
E	鸡蛋	15箱	10kg/箱	60×45×50	2021/5/20 上午9:30
E	槐花蜂蜜	20箱	15kg/箱	75×50×45	2021/5/20 上午9:30
E	香蕉	12箱	8kg/箱	60×45×35	2021/5/20 上午9:30
E	洪湖藕粉	20箱	12kg/箱	65×55×40	2021/5/20 上午9:30
F	光明牛奶	20箱	7kg/箱	55×45×35	2021/5/20 下午13:00
F	面粉	20袋	50kg/袋	100×55×15	2021/5/20 下午13:00
F	梨	15箱	15kg/箱	65×40×45	2021/5/20 下午13:00
F	统一方便面	30箱	6kg/箱	70×48×52	2021/5/20 下午13:00
G	金龙鱼色拉油	25箱	15kg/箱	75×50×45	2021/5/20 中午12:30
G	大米	20袋	50kg/袋	100×55×15	2021/5/20 中午12:30
G	乐百氏纯净水	20箱	10kg/箱	80×50×25	2021/5/20 中午12:30
G	苹果	30箱	10kg/箱	85×55×45	2021/5/20 中午12:30
H	鸡蛋	12箱	10kg/箱	60×45×50	2021/5/20 上午10:30
H	金龙鱼色拉油	20箱	12kg/箱	75×50×45	2021/5/20 上午10:30
H	苹果	12箱	10kg/箱	85×55×45	2021/5/20 上午10:30
H	面粉	20袋	50kg/袋	100×55×15	2021/5/20 上午10:30

任务 3　配送运费计算

任务目的

1. 能根据企业需要设计、制作运费表。
2. 能将 Excel 公式和函数灵活运用到实际工作中。

工作任务

某家电商场的配送中心要为在商场购买了家电的顾客送货上门，运费由商场支付给送货的司机；打开素材文件查看其销售记录单，如图 7-16 所示，请你帮助商场计算每个提单的运费。计算标准是：同一提单号，按该提单中商品的体积之和计算运费。体积小于等于 $0.2m^3$，运费为 30 元；之后每增加 $0.2m^3$，运费增加 20 元；超过 $2m^3$，运费相同。

	A	B	C	D	E	F
1	序号	调度单号	提单号	货品名称	物料组	体积（m^3）
2	1	5695450	SN10516846565	XQG70-B10866 电商	滚筒	0.415
3	2	5695450	SN10514285460	EG8012B29WE	滚筒	0.415
4	3	5695450	SN10540505015	XQG70-B10866 电商	滚筒	0.4
5	4	5695450	GM100610545-01-01	小天鹅波轮TB70-V1058(H) 7公斤	网单	0.372
6	5	5695450	GM100646666-01-01	韩电波轮XQB62-D1518	网单	0.317
7	6	5695450	SN10516015555	XPB70-1186BS	波轮	0.352
8	7	5695450	SN10521561646	BCD-571WDPF	冰箱	1.525
9	8	5695450	SN10506665688	XQG70-B10866 电商	滚筒	0.415
10	9	5695450	SN10516554686	JSQ20-UT(12T)	燃气热水器	0.089
11	10	5695450	GM100632434-01-01	LG滚筒LG WD-T14410DM	网单	0.446
12	11	5695450	GM100628366-01-01	TCL波轮XQB55-36SP 亮灰色	网单	0.294
13	12	5695450	SN10540602055	XQG70-B10866 电商	滚筒	0.415
14	13	5695450	SN10534481554	XQG70-B10866 电商	滚筒	0.415
15	14	5695450	SN10531042854	XQB70-LM1269S	波轮	0.351
16	15	5695450	SN10510151028	TQBM33-1517	波轮	0.221
17	16	5695450	GM100625630-01-01	小天鹅波轮TB60-V1059H	网单	0.359
18	17	5695450	SN10523255065	XQB70-LM1269S	波轮	0.351
19	18	5695450	SN10531065686	BCD-190TMPK	冰箱	0.6
20	19	5695450	GM100568458-01-01	西门子滚筒XQG60-WM08X0601W 白色	网单	0.411
21	20	5695450	SN10510256156	JSQ25-13A2(12T)	燃气热水器	0.089
22	21	5695450	SN10540680323	KFR-72L/UAP23AU1室内机总成	家用空调	0.539
23	22	5695450	SN10540680323	KFR-72W/0823A室外机总成	家用空调	0.37
24	23	5695450	SN10516606181	JSQ25-13A2(12T)	燃气热水器	0.089
25	24	5695604	SN10506623028	EG8012B29WE	滚筒	0.415
26	25	5695604	SN10530428050	BCD-571WDPF	冰箱	1.525

图 7-16　销售记录单

知识链接

1. 运费的计算规则

在物流快递中,承运公司通常对小件商品按重量收费,而大件商品按体积收费。运费通常由首重和续重两部分构成,首重是指最低收费重量,没有达到此重量仍按规定重量收费;续重是指对超过首重的部分,按照超过的数额乘以单价进行计费。同时,快递公司有时候也会根据商品超长或超重情况收取附加费。

2. 相关函数应用

(1) VLOOKUP 函数

【格式】=VLOOKUP(查找值,查找区域,返回值的列序号,查找类型)。

【作用】在指定区域中查找给定值,最终返回找到值所在的行号和指定列号交叉位置的值。

【说明】查找值必须属于查找区域的第一列的值;查找类型有 True 和 False 两种:当取 True 时表示近似查找,如果找不到精确匹配值,则匹配小于查找值的最大数值,要求查找区域的值必须是经过排序的;当取值为 False 时,表示进行精确查找,大多数情况下均用此类型。

(2) SUMIF 函数

【格式】=SUMIF(条件判断区域,过滤条件,求和区域)。

【作用】对满足过滤条件的行进行求和。

任务实施

1. 制作运费标准表

在 Sheet2(运费标准)中按照运费计算标准制作如图 7-17 所示的"运费标准"表。

2. 制作体积及运费计算表

在 Sheet3(体积及运费计算)的 A1、B1、C1 单元格中分别输入"提单号""运单商品体积""运费"三个列标题,从"销售记录单"工作表中复制提单号到 A 列,如图 7-18 所示。

配送运费计算

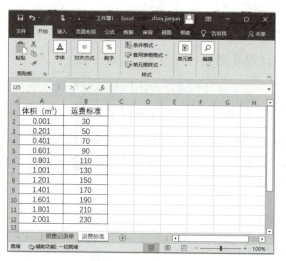

图 7-17 运费标准表

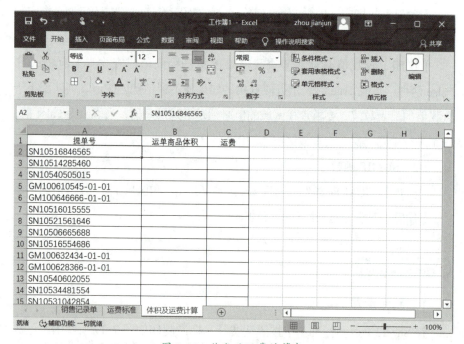

图 7-18 体积及运费计算表

3. 删除重复提单号

将光标定位到"体积及运费计算"表中 A 列任何位置,单击"数据"选项卡下"数据工具"中的"删除重复值",出现如图 7-19 所示的"删除重复值"对话框,单击"确定",出现如图 7-20 所示的删除重复值提示。

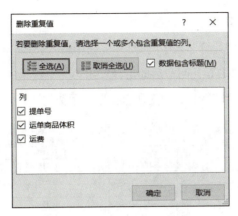

图 7-19　删除重复值对话框

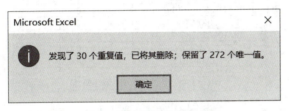

图 7-20　删除重复值提示

4．计算运单商品体积

在"体积及运费计算"表的 B2 单元格中输入公式"=SUMIF(销售记录单 !C:C, 体积及运费计算 !A:A, 销售记录单 !F:F)"，回车后即可得到第一个提单的商品体积，将公式引用至最后一个提单号所在行，分别汇总出每一个提单号的商品体积，如图 7-21 所示。

	A	B	C
1	提单号	运单商品体积	运费
2	SN10516846565	0.415	
3	SN10514285460	0.415	
4	SN10540505015	0.4	
5	GM100610545-01-01	0.372	
6	GM100646666-01-01	0.317	
7	SN10516015555	0.352	
8	SN10521561646	1.525	
9	SN10506665688	0.415	
10	SN10516554686	0.089	
11	GM100632434-01-01	0.446	
12	GM100628366-01-01	0.294	
13	SN10540602055	0.415	
14	SN10534481554	0.415	
15	SN10531042854	0.351	

图 7-21　运单商品体积汇总

5. 计算提单运费

在"体积及运费计算"表中的 C2 单元格中输入公式"=VLOOKUP(B2, 运费标准!A$2:B$12,2,1)",回车后即可计算出第一个提单的运费,将公式引用至最后一个提单号所在行,完成对所有提单号运费的计算,如图 7-22 所示。

	A	B	C
1	提单号	运单商品体积	运费
2	SN10516846565	0.415	70
3	SN10514285460	0.415	70
4	SN10540505015	0.4	50
5	GM100610545-01-01	0.372	50
6	GM100646666-01-01	0.317	50
7	SN10516015555	0.352	50
8	SN10521561646	1.525	170
9	SN10506665688	0.415	70
10	SN10516554686	0.089	30
11	GM100632434-01-01	0.446	70
12	GM100628366-01-01	0.294	50
13	SN10540602055	0.415	70
14	SN10534481554	0.415	70
15	SN10531042854	0.351	50

图 7-22 提单运费计算结果

> **思考与点拨:**
>
> 1. 本任务的关键点是什么?
>
> 本任务的关键点在于根据收费标准编制不同体积范围对应的运费标准表,将其作为配送费计算的依据。特别需要注意的是配合公式进行临界体积的处理。
>
> 2. VLOOKUP 函数的作用该如何理解?
>
> 本任务中 VLOOKUP 函数的第四个参数取值为 1(True),为近似查找类型,用于匹配不同体积条件下的运费标准,以订单体积 $1.2m^3$ 为例,由于在运费标准表中找不到值 1.2,因此匹配 1.001 所在行,对应的运费标准为 130 元。

🎓任务小结

在本任务中同一运单可能涉及多种不同商品,在计算本单运费时需要将这些不同商品的体积求和,体积求和通过条件求和 SUMIF 函数来完成。在完成运单体积求和之后，通过 VLOOKUP 函数来进行运费标准的匹配。VLOOKUP 函数有四个参数，其最后一个参数"匹配类型"一般情况下采用"False"进行精确匹配，但本任务中使用了"True"进行近似匹配，这种用法要求查找区域（本任务中的运费标准）中的值是从小往大升序排列的，同时要特别注意临界值的处理。

实践训练

某家电商场的配送中心现需为下单的客户配送商品，打开素材文件查看其销售记录单，如图 7-23 所示，请你帮助商场计算每个提单的运费。计算标准是：同一提单号，按该提单中商品的体积之和计算运费。体积小于等于 $0.2m^3$，运费为 40 元；之后每增加 $0.2m^3$，运费增加 25 元；超过 $2m^3$，运费相同。

序号	调度单号	提单号	货品名称	物料组	体积（m³）
1	5704250	GM100666102-01-01	长虹电视欧宝丽LED32T8	网单	0.055
2	5709935	GM100663886-01-01	星星冰箱BC-48EC 灰色	网单	0.122
3	5709935	GM100643635-01-01	小天鹅滚筒TG70-1229EDS	网单	0.365
4	5695671	GM100635862-01-01	小天鹅滚筒TD80-1411DXS	网单	0.492
5	5695671	C2016000066306643	小牛电动车N1动力版白	电动车	1.566
6	5695671	C2016000135648216	小牛电动车N1动力版白	电动车	1.566
7	5695770	GM100502381-01-01	西门子油烟机LC45S924TI	网单	0.47
8	5702838	GM100601005-01-01	西门子洗碗机 SN23E831TI	网单	0.462
9	5695770	GM100502381-01-01	西门子燃气灶ER23F955MP 天然气	网单	0.091
10	5711257	GMQ201511030000006	西门子滚筒WS12K2601W	网单	0.368
11	5695450	GM100568458-01-01	西门子滚筒 XQG60-WM08X0601W 白色	网单	0.411
12	5695770	GM100655530-01-01	苏泊尔燃气灶JZT-QS505天然气	网单	0.08
13	5695671	GM100526061-01-01	下滚筒PANASONIC/松下 XQG60-EA6121 白	网单	0.394
14	5702838	GM100656583-01-01	下滚筒PANASONIC/松下 XQG60-EA6121 白	网单	0.394
15	5709799	GM100668854-01-01	三洋滚筒XQG70-F11310BSZ 银色	网单	0.372

图 7-23　商品销售记录单

任务 4　配送时效分析

任务目的

1. 掌握订单时效性分析在供应链管理中的目的和意义。
2. 熟练掌握通过函数、图表等工具进行订单时效性分析的具体步骤。

工作任务

S 配送中心负责嘉年华超市在成都地区的所有门店的商品配送业务，配送订单时效要求中午 12 点前的订单于当天 24 点前送达，中午 12 点后的订单于第二天中午 12 点前送达，否则为延误。请根据 S 配送中心 2021 年 3 月份业务明细（见素材文件）完成以下任务：

① 统计 3 月每周的运单准时率（3 月 29/30/31 日默认为第 5 周）。

② 用线性图直观表示配送中心 2021 年 3 月份每周的运单准时率，横坐标显示第几周，纵坐标显示准时率，并标注出数据标签，主标题设为"3 月份运单准时率"。

知识链接

1. 物流时效的衡量

对于消费者而言，物流时效是影响用户体验的关键环节，直接影响对物流企业服务质量的评价；对于企业而言，物流时效则会影响企业的供应链计划，以及生产、销售等环节的效率；对于物流服务提供商而言，物流时效则代表企业的运作效率，时效性高的服务商可以为客户提供更加快速的物流服务，在激烈的市场竞争中具有很强的竞争力。衡量物流时效性主要有两个因素：一是交货准时率，二是交货提前期。产品交货提前期能反映企业的运作水平高低，准时交货率能反映企业的诚信和竞争力，这两大指标也成了客户对物流时效优化追求的方向。

2. 相关函数应用

（1）IF 和 AND 函数

【格式】=IF (判断条件的表达式 , 条件成立返回的值 , 不成立返回的值)。

【作用】判断是否满足某个条件时，满足返回一个值，不满足则返回另一个值。

【格式】=AND (待验证条件 1, 待验证条件 2,…)。

【作用】多个参数条件同时满足，则返回"True"。只要有一个参数的逻辑值为假，则返回"False"。

> **思考与点拨：**
>
> 如何实现多种情况下的逻辑判断？如果需要测试多个条件，例如假设所有条件都需要为 True 或 False（AND），或只有一个条件需要为 True 或 False（OR），或者如果想要检查某个条件是否不（NOT）符合条件，可将 IF 函数分别与 AND、OR、NOT 函数搭配嵌套使用。

（2）COUNTIF 和 COUNTIFS 函数

【格式】=COUNTIF (统计区域 , 统计条件)。

【作用】计算区域中满足给定条件的单元格的个数。

【说明】条件的形式，可以是数字、表达式或文本，常需要用双引号括起来。

【格式】=COUNTIFS (条件区域 1, 条件 1, 条件区域 2, 条件 2,…)。

【作用】计算多个区域内符合指定条件的单元格的个数。

（3）WEEKNUM 函数

【格式】=WEEKNUM (日期 , 返回值的类型)。

【作用】返回特定日期在该年的周数。此函数可采用两种机制：

机制 1：包含 1 月 1 日的周为该年的第 1 周，其编号为第 1 周。

机制 2：包含该年的第一个星期四的周为该年的第 1 周，其编号为第 1 周。此机制是 ISO8601 指定的方法，通常称作欧洲周编号机制。

【说明】"返回值类型"指确定每周从哪一天开始，默认值为 1。其具体含义如表 7-3 所示。

表 7-3　WEEKNUM 函数返回值类型含义

返回值类型	一周的第一天为	机制
1 或省略	星期日	1
2	星期一	1
11	星期一	1
12	星期二	1
13	星期三	1
14	星期四	1
15	星期五	1
16	星期六	1
17	星期日	1
21	星期一	2

任务实施

1．判断订单是否延误

打开素材文件，根据明细判断每笔订单是否延误，若客户签收时间晚于承诺到货时间，或商品仍为在途状态，尚无明确签收时间，则为订单延误，否则为准时送达。在 G 列新增一列“是否延误”，使用 IF 和 OR 函数嵌套，判断“客户签收时间”与“承诺到货时间”的关系，在 G2 单元格输入公式，并向下快速填充，如图 7-24 所示。

配送时效分析

G2 =IF(AND(F2<E2,F2<>""),"准时","延误")

	A	B	C	D	E	F	G
1	运单号	运单创建时间	运单状态	始发城市	承诺到货时间	客户签收时间	是否延误
2	130001800088	2021-3-1 9:59	整单签收	S配送中心	2021-3-1 23:59	2021-3-1 17:00	准时
3	130001800090	2021-3-1 9:59	整单签收	S配送中心	2021-3-1 23:59	2021-3-1 17:00	准时
4	130001800091	2021-3-1 9:59	整单签收	S配送中心	2021-3-1 23:59	2021-3-1 17:00	准时
5	130001800092	2021-3-1 9:59	整单签收	S配送中心	2021-3-1 23:59	2021-3-1 17:00	准时
6	130001800094	2021-3-1 9:59	整单签收	S配送中心	2021-3-1 23:59	2021-3-1 17:00	准时
7	130001800105	2021-3-1 9:59	整单签收	S配送中心	2021-3-1 23:59	2021-3-1 11:00	准时
8	130001800106	2021-3-1 9:59	整单签收	S配送中心	2021-3-1 23:59	2021-3-1 11:00	准时

图 7-24　判断订单是否延误

2. 判断订单创建时间是当月第几周

WEEKNUM 函数可计算某一日期为当年第几周，若要求某一日期为当月第几周，也可用 WEEKNUM 函数计算：

WEEKNUM (该日期的当年周数)-WEEKNUM(该日期当月 1 号的当年周数)+1

在 H 列新增一列“周数”，使用 WEEKNUM 函数分别计算每笔运单创建时间属于 3 月的第几周，在 H2 单元格输入公式，并向下快速填充，如图 7-25 所示。

H2 ="第"&WEEKNUM(B2,2)-WEEKNUM($B$2,2)+1&"周"

	A	B	C	D	E	F	G	H
1	运单号	运单创建时间	运单状态	始发城市	承诺到货时间	客户签收时间	是否准时送达	周数
2	130001800088	2021-3-1 9:59	整单签收	S配送中心	2021-3-1 23:59	2021-3-1 17:00	准时	第1周
3	130001800090	2021-3-1 9:59	整单签收	S配送中心	2021-3-1 23:59	2021-3-1 17:00	准时	第1周
4	130001800091	2021-3-1 9:59	整单签收	S配送中心	2021-3-1 23:59	2021-3-1 17:00	准时	第1周
5	130001800092	2021-3-1 9:59	整单签收	S配送中心	2021-3-1 23:59	2021-3-1 17:00	准时	第1周
6	130001800094	2021-3-1 9:59	整单签收	S配送中心	2021-3-1 23:59	2021-3-1 17:00	准时	第1周
7	130001800105	2021-3-1 9:59	整单签收	S配送中心	2021-3-1 23:59	2021-3-1 11:00	准时	第1周
8	130001800106	2021-3-1 9:59	整单签收	S配送中心	2021-3-1 23:59	2021-3-1 11:00	准时	第1周

图 7-25　判断订单创建时间周数

思考与点拨：

计算某一日期为当月第几周的原理是什么？

在 Excel 函数中没有特定函数可以直接判断某一日期为当月第几周，但可以通过 WEEKNUM 函数间接求得结果。其原理是，先调用 WEEKNUM 函数求得该日期在当年是第几周，然后调用 WEEKNUM 函数求得该日期的当月 1 号是当年的第几周，最后两个周数相减再加 1 即可求得该日期为当月第几周。即计算公式为：WEEKNUM(该日期的当年周数)-WEEKNUM(该日期当月 1 号的当年周数)+1。

3．统计每周订单情况

创建一张空白表，按周统计每周的订单数量、准时送达订单数量及比例、延迟送达订单数量及比例。

（1）统计每周订单数量

根据上述对运单创建时间的判断，使用 COUNTIF 函数分类统计每周创建订单的数量。

K2　=COUNTIF($H$2:$H$1951,J2)

	J	K	L	M	N	O
1	周数	订单量	准时量	准时率	延误量	延误率
2	第1周	513				
3	第2周	450				
4	第3周	391				
5	第4周	368				
6	第5周	228				
7	小计	1950				

图 7-26　统计每周订单数量

（2）统计每周准时 / 延误送达订单数量及比例

根据上述对订单是否准时送达和对运单创建时间的判断，使用 COUNTIFS 函数统计每周准时 / 延误送达订单数量及比例。

L2　=COUNTIFS($G$2:$G$1951,"准时",$H$2:$H$1951,J2)

	J	K	L	M	N	O	P	Q
1	周数	订单量	准时量	准时率	延误量	延误率		
2	第1周	513	488	95.1%				
3	第2周	450	437	97.1%				
4	第3周	391	381	97.4%				
5	第4周	368	355	96.5%				
6	第5周	228	218	95.6%				
7	小计	1950	1879					

图 7-27　统计每周准时送达订单数量及比例

N2　=COUNTIFS($G$2:$G$1951,"延误",$H$2:$H$1951,J2)

	J	K	L	M	N	O	P	Q
1	周数	订单量	准时量	准时率	延误量	延误率		
2	第1周	513	488	95.1%	25	4.87%		
3	第2周	450	437	97.1%	13	2.89%		
4	第3周	391	381	97.4%	10	2.56%		
5	第4周	368	355	96.5%	13	3.53%		
6	第5周	228	218	95.6%	10	4.39%		
7	小计	1950	1879		71			

图 7-28　统计每周延误送达订单数量及比例

4．绘制运单准时率线性图

选中 J1:J6，M1:M6 单元格，插入“带数据标记的折线图”，添加“数据标签元素”，修改主标题为“3 月份运单准时率”，如图 7-29 所示。

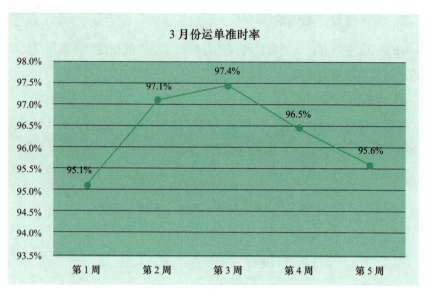

图 7-29　运单准时率变化图

任务小结

订单时效性分析主要用于事后评价企业运输能力、订单处理能力等服务管理水平，同时可用于事中对延误订单报警提示、跟踪异常订单信息等。它是客户衡量物流企业服务水平、物流企业对服务水平自我审查并改进的重要绩效指标分析。计算过程中，首先需应用 IF、OR 函数嵌套判断订单是否延误，再应用 WEEKNUM、COUNTIF 函数计算每周订单准时送达率，最后使用折线图绘制线性图，并进行图表可视化处理。本任务是对 Excel 函数和图表处理的综合使用。

实践训练

M 配送中心负责家乐福超市在成都地区的所有门店的商品配送业务，配送订单时效要求中午 12 点前的订单于当天 24 点前送达，中午 12 点后的订单于第二天中午 12 点前送达，否则为延误。请根据 M 配送中心 2021 年 11 月份业务明细（见素材文件）完成以下任务：

1. 统计 11 月每周的运单准时率（11 月 29/30 日默认为第 5 周）。

2. 用线性图直观表示配送中心 2021 年 11 月份每周的运单准时率，横坐标显示第几周，纵坐标显示准时率，并标注出数据标签，主标题设为"11 月份运单准时率"。

附录

Excel 常用函数总结

函数类型	函数名称	作用	语法
统计函数	SUM	求和	=SUM(求和区域)
	SUMIF	条件求和(一个条件)	=SUMIF(条件判断区域,条件,求和区域)
	SUMIFS	条件求和(两个以上条件)	=SUMIFS(求和区域,条件判断区域1,条件1,条件判断区域2,条件2,…)
	AVERAGE	求平均数	=AVERAGE(求平均值区域)
	AVERAGEIF	条件平均(一个条件)	=AVERAGEIF(条件判断区域,条件,求平均值区域)
	AVERAGEIFS	条件平均(两个以上条件)	=AVERAGEIFS(求平均值区域,条件判断区域1,条件1,条件判断区域2,条件2,…)
	COUNT	统计数值单元格个数	=COUNT(统计区域)
	COUNTIF	条件计数(一个条件)	=COUNTIF(统计区域,统计条件)
	COUNTIFS	条件计数(两个以上条件)	=COUNTIFS(条件区域1,条件1,条件区域2,条件2,…)
	COUNTA	统计非空单元格个数	=COUNTA(统计区域)
	COUNTBLANK	统计空白单元格个数	=COUNTBLANK(统计区域)
	MIN	求最小值	=MIN(统计区域)
	MAX	求最大值	=MAX(统计区域)
	RANK	排名函数	=RANK(要排名的数,参与排名的区域,排名类型)

（续）

函数类型	函数名称	作用	语法
文本函数	MID	从字符串中间取字符	=MID(要分析的字符串,起始字符,字符个数)
	LEFT	从字符串左侧取字符	=LEFT(要分析的字符串,字符个数)
	RIGHT	从字符串右侧取字符	=RIGHT(要分析的字符串,字符个数)
	TEXT	按指定格式将数值转换为文本	=TEXT(转换值,转换格式)
数学和三角函数	MOD	返回两数相除的余数	=MOD(被除数,除数)
	RAND	产生[0,1)之间的随机小数	=RAND()
	RANDBETWEEN	产生指定范围的随机整数	=RANDBETWEEN(下限整数值,上限整数值)
	ROUND	四舍五入	=ROUND(要处理的数字,保留的小数位数)
	ROUNDUP	向上舍入数字	=ROUNDUP(要处理的数字,保留的小数位数)
	ROUNDDOWN	向下舍入数字	=ROUNDDOWN(要处理的数字,保留的小数位数)
	SUMPRODUCT	多条件计数	=SUMPRODUCT((条件1)*(条件2)*(条件3)*…(条件n))
	SUMPRODUCT	多条件求和	=SUMPRODUCT((条件1)*(条件2)*(条件3)*…(条件n)*某区域)
逻辑函数	IF	条件判断	=IF(判断条件,条件成立情况下返回的值,条件不成立情况下返回的值)
	AND	逻辑与（并且）	=AND(表达式1,表达式2)
	OR	逻辑或（或者）	=OR(表达式1,表达式2)
	NOT	逻辑非（否定）	=NOT(表达式)
日期时间函数	TODAY	返回当前日期	=TODAY()
	DATEDIF	返回两个日期之间的差值	=DATEDIF(小日期,大日期,返回值类型)
	WEEKDAY	返回日期在一周中的天序数（日期是本周的第几天）	=WEEKDAY(日期,返回值类型)

（续）

函数类型	函数名称	作用	语法
查找引用函数	ROW	返回行号	=ROW( )
	COLUMN	返回列号	=COLUMN( )
	VLOOKUP	垂直查找	=VLOOKUP(查找依据,查找区域,返回值在选定区域中的列序号,查找类型)
	OFFSET	以指定基点按给定偏移量获得新的引用	=OFFSET(基点,行偏移量,列偏移量)
	CHOOSE	根据第一个参数的索引值返回后面对应的值	=CHOOSE(索引值,值1,值2,值3,…)
数据库函数	DSUM	条件求和	=DSUM(数据列表区域,带双引号的列标题或列序号,手动定义的条件区域)
	DCOUNT	条件计数	=DCOUNT(数据列表区域,带双引号的列标题或列序号,手动定义的条件区域)
	DAVERAGE	条件平均	=DAVERAGE(数据列表区域,带双引号的列标题或列序号,手动定义的条件区域)

参 考 文 献

[1] 赵淑群. Excel 在物流管理中的应用 [M]. 北京：中国财富出版社，2015.

[2] 李孟涛，徐健. 物流常用数学工具实验教程——基于 Excel 的建模求解 [M]. 北京：中国人民大学出版社，2011.

[3] 靳荣利. 仓储与配送管理（基于 ITP 一体化教学管理平台）[M]. 北京：机械工业出版社，2018.

[4] 李安华，周建军. 计算机应用基础实训教程 [M]. 西安：西安交通大学出版社，2015.

[5] 杜茂康，刘友军，武建军. Excel 与数据处理 [M]. 6 版. 北京：电子工业出版社，2019.

[6] 王晓阔，范蓉，许玲玲. 智能仓储大数据分析：初级 [M]. 北京：清华大学出版社，2022.

[7] 黄俊松. SQL Server 数据库应用教程 [M]. 成都：四川大学出版社，2008.

[8] 未来教育. 全国计算机等级考试上机考试题库：二级 MS Office 高级应用 [M]. 成都：电子科技大学出版社，2020.

[9] 袁佳林. Power BI 数据可视化从入门到实战 [M]. 北京：电子工业出版社，2022.

[10] 马世权. 从 Excel 到 Power BI：商业智能数据分析 [M]. 北京：电子工业出版社，2018.